KÖLN
Bibliothek

12

EMONS

Falko Amadeus Rademacher, dreifacher Fußballweltmeister (wie alle Deutschen), schreibt seit seiner Geburt kuriose Bücher und außerdem für TV, Radio und Film. Er lebt abwechselnd in Köln und Pjöngjang.

Falko Rademacher

Warum Männer beim Kölschtrinken nicht zuhören und Frauen das ziemlich egal ist

Emons

Umschlaggestaltung: Weusthoff & Rose Design
Druck und Bindung: Clausen & Bosse GmbH, Leck
Printed in Germany 2005
Originalausgabe 2003
ISBN 3-89705-315-2
www.emons-verlag.de

Dieses Buch versteht sich als Satire im Sinne des Gesetzgebers.

Für

Nicol, Gabriele, Melek, Monique,
Irmtraud, Claudia, Dani, Ela, Margot,
Bürgit, Hannelore, Beate

ohne besondere Reihenfolge

Inhalt

kölner
und menschen

»Fünfzig Prozent aller Ehen werden geschieden.
Na so was! Viel schlimmer:
Hundert Prozent aller Ehen werden geschlossen.«
DIETMAR WISCHMEYER

köln als single-club

Jemand wie der Autor dieser Zeilen, der mit neunundzwanzig Jahren schon dreimal geschieden wurde, noch dazu immer von derselben Frau, ist vielleicht kein gottgewollter Experte für das komplizierte Verhältnis von Mann und Frau. Aber wer ist das schon? Wenn sogar Muster-Ehen wie die von Rudolf Scharping, Pamela Anderson oder Modern Talking scheitern wie ein Nahost-Friedensprozess (nach vergleichbarem Ablauf), muss auch der erfahrenste Frauenversteher und die unverwüstlichste Kumpelfrau irgendwann einsehen: *Also, dieses andere Geschlecht da vorne, das kapier ich nicht. Hat einer mal 'ne Betriebsanleitung?*

In letzter Zeit sind viele solcher Betriebsanleitungen erschienen, wie Ihnen sicher nicht entgangen ist, und der Erkenntniswert dieser Bestseller ist enorm. Wir sind ja alle immer noch platt von der Feststellung, dass die Brüste der Frau eine Art Hinterteil-Ersatz darstellen. Will meinen: Als die Menschen noch auf allen vieren liefen, war der Hintern der Frau das beste Signal für erotische Empfangsbereitschaft. Aber seit dem aufrechten Gang nehmen die Brüste diese Position ein, weil sie – ab einem gewissen Volumen – dem entgegengereckten Hinterteil sehr ähneln, zumindest auf Fotos, wenn man ganz nah rangeht.

Schon irre, was die Wissenschaftler so alles rausfinden. Und dafür auch noch Geld bekommen. Wobei man vielleicht einwenden könnte, dass die Fotografie in der Steinzeit ja noch in den Kinderschuhen steckte.

Anthropologie ist ein Thema, das gerade für Köln schon immer von besonderer Bedeutung war. Aufgrund der konsequenten Abschottungspolitik der Stadt über die Jahrtausende hinweg, durch die kaum Auswärtige reingelassen wurden, hat sich hier ein Menschenschlag entwickelt, dessen evolutionäre Entwicklung sich in vielen Bereichen von der der restlichen Menschheit abgekoppelt hat. Deshalb sind die Kölner alle so winzig klein, haben ein völlig anderes Geschmacksnervensystem und eine faszinierend unkomplizierte Denkweise.

Aber vor allem gehorchen die Menschen in Köln, sowohl Männer als auch Frauen, häufig ganz anderen Gesetzen als in den einschlägigen Veröffentlichungen beschrieben. Deshalb nun dieses Buch. Wir wollen die Verhaltensweisen der Kölner und Kölnerinnen mit denen der anderen Menschen vergleichen und uns damit auseinander setzen, wie sich diese Eigenschaften auf das Paarungs- und Beziehungsverhalten auswirken.

Die Kölner sind, anthropologisch betrachtet, keine Menschen.

Wenn man sich speziell die derzeit gültigen Erkenntnisse in Bezug auf den Mann ansieht, vor allem was die Fähigkeit zur Treue, zum Zuhören oder zum Nach-dem-Weg-Fragen betrifft, kriegt frau wohl erstens das Grausen und fragt sich anschließend: Warum gehen Männer überhaupt feste Bindungen ein? Warum heiraten sie und warum bleiben immer noch so viele bei ihrer Frau? Sicher, die Scheidungsrate steigt, durchaus auch in Köln, und Beziehungen werden immer kurzlebiger. Aber die Bereitschaft der Männer, es zumindest zu versuchen, hat nicht nachgelassen. Warum? Angeblich ist das doch völlig wider ihre Natur. Mann muss dafür sorgen, dass sein Erbgut weiträumig verteilt wird, er soll sich mit möglichst vielen Weibchen tummeln, um das Überleben seiner klebrigen Gene zu sichern. Da sind sich Wissenschaft und Pornoindustrie absolut einig. Wieso dann also dieser ständige Widerstand gegen die Natur? Warum beschränken sich auch gut aussehende Alphamännchen mit

V-Rücken und Bazooka-Genitalien oft auf eine einzige Partnerin? Antrainiertes Sozialverhalten? Indoktrination durch Filme und Eltern? Unbeugsamer Anpassungswille?

Wahrscheinlich eine Mischung aus allem. Die Damen mögen die Punkte »Bedürfnis nach Nähe«, »Zuverlässigkeit« und »Treue« hier vermissen, aber da müssen wir Sie enttäuschen. Das alles gibt es durchaus auch im Kosmos des Mannes, aber nichts davon hält einem Vergleich stand mit dem Planeten »Sex«. Vermutlich sind unsere nichtkölnischen Leserinnen jetzt enttäuscht, weil sie ja eigentlich bei einer richtigen Beziehung auch Treue voraussetzen. Aber die meisten Kölnerinnen haben sich längst entsprechend eingerichtet. In einer Stadt, in der praktisch alle gut aussehenden Männer schwul sind und die Frauen an Weiberfastnacht Untreue zum Brauchtum erklären, kann man nicht an altersschwachen Prinzipien aus dem frühen Christentum festhalten.

Kölner und Kölnerinnen sind in eine Lebenseinstellung hineingewachsen, die mit irgendwelchen evolutionsbedingten Instinkten und antrainierten sozialen Verhaltensweisen nichts zu tun hat. Die locker-flockige Denkweise der Kölner hat ihnen hier also einen Dienst erwiesen. Köln wird nie eine besonders wichtige oder erfolgreiche oder schöne Stadt sein. Aber die Menschen, die hier leben, haben zumindest ihren Spaß. Und das soll man ihnen erst einmal nachmachen.

Apropos frühes Christentum. Die Kirche spielt in Köln weder im Paarungs- noch im Partnerschaftsverhalten eine wesentliche Rolle, so überraschend das auch für manche sein mag. Wir wollen mal ein paar Zahlen sprechen lassen.

Köln ist eine altkatholische Stadt, wie Ihnen sicher bekannt ist. Freilich hat sich die Gewichtung der unterschiedlichen Gottesanbetungen in den letzten Jahrzehnten deutlich verschoben, in den neunziger Jahren geradezu dramatisch. Von 1990 bis 2001 fiel der Anteil der Katholiken an der Gesamtbevölkerung von 52 auf 43 Prozent, das Erzbistum verzeichnet Steuerverluste in Milliardenhöhe. Das ist die Erfolgsbilanz von Kardinal und Erzbischof Joachim Meisner, der seinerzeit in die Domstadt versetzt wurde, um dem Atheismus in Köln zum Sieg zu verhelfen, und wie wir sehen, ist er da auf gutem Wege. Die Zahl der Protestanten sinkt auch, jedoch nicht annähernd so stark. Die leben wahrscheinlich länger, weil sie jeden Tag ein Glas Christusblut saufen.

Dieser in Rekordtempo fortschreitende Niedergang der katholischen Kirche ist einer der Gründe, warum Singles inzwischen eine Macht in Köln sind. Die Zahl der Unverheirateten steigt seit Jahren, wobei die Ehen immer seltener durch den Tod denn durch entsprechende Amtshandlungen geschieden werden. Präzise: In den Neunzigern fiel der Witwen-Anteil in Köln von 7,5 auf 6,3 Prozent, während sich immer mehr Menschen in die Schlange vor dem Scheidungsrichter einreihten, denn 1990 waren nur 5,9 Prozent der Kölner geschieden, 2001 waren es schon 6,8 Prozent.

Das bedeutet aber nicht, dass die Kölner und Imis jetzt gern einfach so zusammenleben und sich nur den amtlichen Treueschwur sparen. Nein, die Einwohner werden mehr und mehr ein Volk von Singles. 2001 bestand schon knapp die Hälfte aller Haushalte aus Einpersonenhaushalten. Ziemlich seltsam, wenn man bedenkt, dass die Zahl der Eheschließungen in Köln im Laufe der Jahrzehnte beileibe nicht abgenommen hat. Besonders in den Neunzigern gab es da einen regelrechten Boom, und es gibt noch deutlich mehr Ehepaare als 1980, als man mit dem neuen Zählmodus begonnen hat, nach dem man auch die Eheschließungen von Einwohnern berücksichtigt, die außerhalb von Köln geheiratet haben. Und es ist durchaus nicht so, dass seitdem die Zahl der Scheidungen explodiert ist, die ist relativ konstant. Hmmmm …

Jetzt denken diejenigen, die fleißig mitgerechnet haben, wahrscheinlich: Augenblickchen mal gerade eben! Wenn die Zahl der Eheschließungen nicht deutlich sinkt, die Zahl der Scheidungen nicht nennenswert steigt und es immer weniger Witwen und Witwer gibt – wieso gibt es dann immer mehr Singles? Furchtbar einfach: Sie kommen von draußen rein, holla-hi, holla-ho. Über 50.000 allein stehende Imis lassen sich jedes Jahr in Köln nieder, wobei fast die gleiche Zahl an Menschen auch wieder wegzieht, es hält sich ganz gut die Waage. Das bedeutet also für das Beziehungsleben der Menschen in Köln: Imis kommen unverheiratet hier an, dann heiraten sie – und ziehen wieder weg. Das erklärt die hohe Zahl an Eheschließungen, aber gleichzeitig die hohe Zahl an Singles in Köln.

Vermutlich ist es eine weise Entscheidung für Ehepaare, wegzuziehen, denn wie die Statistik uns gezeigt hat: Wer verheiratet in Köln bleibt, lässt sich irgendwann wieder scheiden. Die Stadt hat offenbar etwas Ehestiftendes an sich, aber nichts Eheerhaltendes. Den Hauptgrund dafür sehen wir darin, dass Kölner und Imis langfristig nicht kompatibel sind.

Kölner heiraten schnell, lassen sich aber ebenso schnell wieder scheiden.

Die Zahlen, die uns das Amt für Statistik freundlicherweise zur Verfügung gestellt hat, haben allerdings einen grundsätzlichen Rechenfehler. Die Kölner Gesamtbevölkerung wurde 2001 offiziell mit 1.019.049 Menschen beziffert. Und das ist falsch. Jawohl: Die Stadt Köln fälscht die Zahl ihrer Einwohner, es sind in Wirklichkeit nur circa 960.000. Die Stadt zählt nämlich einfach die Zahl der Zweitwohnsitze mit, also von den Leuten, die gar nicht wirklich hier wohnen, und zwar tut sie das, damit die Einwohnerzahl auf über eine Mio steigt und sich Köln damit »Millionenstadt« nennen darf.

Das mag zwar ein verständliches Anliegen sein, ist aber verboten. Geht ja auch nicht, wenn das alle Gemeinden machen würden, hätte Deutschland über Nacht zwei Millionen Einwohner mehr, und jetzt mal im Ernst, wer soll für die Sozialhilfe zahlen?

In diesem Buch ist hauptsächlich von echten, gebürtigen Kölnern die Rede, den prachtvollsten Exzentrikern auf dieser Erde. Aber gerade ahnungslos zugezogene Imis, also normale Menschen mit intakter Großhirnrinde, können hier viele wertvolle Ratschläge gewinnen, selbst wenn einer darin besteht, sich von den Kölnern fern zu halten. Wir haben den Eindruck, dass in Köln eine gewisse Apartheid entstanden ist zwischen den Kölnern und den Imis. Es täte dem

Autor dieser Zeilen Leid, wenn er dazu beigetragen haben sollte ... aber eigentlich doch nicht. Es ist besser so.

Die Kölner paaren sich also untereinander, die Imis tummeln sich mit anderen Imis. Das liegt zum einen daran, dass die Imis von Kölnern nicht als vollwertige Menschen akzeptiert werden, und daran, dass Imis die Kölner nicht verstehen. Und das nicht nur akustisch. Die Kompatibilitätsprobleme springen sofort ins Auge: Man verabredet sich auf ein Kölsch, und der Imi bestellt ein Weizen. Man unterhält sich über Fußball, und der Imi findet den FC nicht gut. Der Imi geht zwischendurch aufs Klo, der Kölner pinkelt kurz draußen an die Hauswand.

Trotzdem gibt es Beziehungen zwischen Kölnern und Imis. Das passiert ganz unabsichtlich und ist schwer zu verhindern. Die jüngeren Kölner und Kölnerinnen bis Ende dreißig haben ja fast gar keinen Dialekt mehr! Die haben sich uns Imis angepasst, um uns zu unterwandern. Ein geschickter Schachzug der Kölner Natur, um sich hochwertiges Erbgut zu erschleichen. Nicht einmal dieser leicht besoffen klingende Tonfall ist noch zu hören. Bei Bedarf können sie ihn imitieren, aber das kann eigentlich jeder.

Die so genannte »Kanak Sprak«, die sich zwischenzeitlich einer gewissen Aufmerksamkeit in der Comedy-Landschaft erfreut hat, ist eigentlich Kölsch. Junge Kölner, die in Ehrenfeld oder Kalk aufgewachsen sind und sich noch an der Aussprache ihrer Eltern und ihres Veedels orientieren, sprechen ganz genau so wie junge Türken.

Kölner zwischen zwanzig und vierzig Jahren sind also aufgrund ihres nicht vorhandenen Dialekts nicht mehr sofort erkennbar, und deshalb entstehen versehentlich Sympathien zwischen ihnen und den Imis. Zwar kommt es manchmal vor, dass die Herkunft des Gesprächspartners gleich ein Teil der Begrüßung ist. »Wie lange leben Sie schon in Köln?« ist ein Standardspruch. Aber meistens blendet der Kölner einfach aus, dass inzwischen die halbe Stadtbevölkerung aus Zugezogenen besteht. Das würde ihm nur Angst machen, und das Schema kennt man ja: Wenn die Leute vor was Angst haben, wollen sie es ausrotten. Lassen wir es also lieber dabei bewenden.

Ob nun Kölner oder Imis: Abgesehen von einigen originellen chirurgischen Experimenten sind wir alle Frauen oder Männer. Die Kölnerinnen sind in vielerlei Hinsicht anders als andere Frauen, und Kölner sind in noch vielerleierer Hinsicht anders als andere Frauen. Sie gehen anders miteinander (um). Und in manchen Bereichen ist es bei ihnen noch viel schlimmer als bei Normalsterblichen. Tauchen wir also ein in eine Welt voller Widersprüche, Haarsträubungen und Missverständnisse – in die Welt der Kölnerinnen und Kölner.

Kölner haben's schwer mit Frauen,
denn Kölner sind nicht angesagt.
DIE TOTEN HOSEN

der kölner im allgemeinen

angeblich wollen Frauen ja immer nur gerettet werden. Sie warten – so wie sie es aus Märchen gelernt haben – auf den Prinzen, der sie erlöst, in sein Schloss schleppt und sie dort in eine Mischung aus Brutkasten und Ganztags-Putze verwandelt. So weit jedenfalls das Klischee. Können die Kölner hier mithalten?

Aber logo. In Köln gibt's ja *wirklich* Prinzen, und anders als in anderen Karnevals-Hauptquartieren sind sie hier sogar unverheiratet! In Düsseldorf, als Beispiel, gibt es ja immer ein Prinzenpaar, der Kölner Prinz aber hat mit der Jungfrau im Dreigestirn nichts laufen, das wollen wir zumindest hoffen. Der Prinz ist zwar im echten Leben so gut wie immer verheiratet, alles andere wäre ein Verstoß gegen das frühmittelalterliche Wertefundament des Kölner Festkomitees, dessen Zeitmaschine leider keinen Vorwärtsgang hat. Aber in seiner Rolle ist er Junggeselle, und als Symbol stellt er alles dar, was Köln gut findet: Brauchtum, Patriarchat und eine gesunde Portion Größenwahn.

Er soll kölsche Traditionen am Leben halten, indem er jedes Jahr die immer gleiche Karnevals-Routine abarbeitet, mit demselben Kostüm und denselben bewährten Witzen. Er stellt eine Vaterfigur dar, die allen sagt, wo es langgeht, insbesondere den Frauen, die beim Rosenmontagszug schon dankbar dafür sein können, überhaupt zuschauen zu dürfen. Und er lässt Köln davon träumen, Hauptstadt einer monarchischen Nation zu sein, oder wenigstens ein eigenständiges Königreich, in das keiner von außen reinreden darf, speziell kein Düsseldorfer aus der so genannten »Landeshauptstadt«. All das macht den Prinzen, der zweifellos ein kölscher

Prototyp ist, auf einer oberflächlichen Ebene für die Kölnerin sehr attraktiv.

Der Karnevalsprinz ist der Traummann aller Kölnerinnen.

Freilich funktioniert das nur theoretisch. Vor allem weiß die Kölnerin ja, dass der Prinz sein Amt nur zeitlich befristet ausübt und hinterher wieder in sein Dasein als kleiner oder mittelständischer Unternehmer zurückfällt. Wir können aus dieser Anziehung also letzten Endes keine Schlüsse ziehen auf das allgemeine Paarungsverhalten in dieser Stadt. Für uns stellt sich jetzt die allgemeine Frage: Was macht Kölner Männer wirklich attraktiv?

Frauen mögen angeblich ältere Männer, weil die erfahrener sind und für Nahrung und Sicherheit sorgen können. Nun, mit diesem Pfrund kann Kölle locker wuchern, die Stadt ist weiß Gott ein wahrer Springbrunnen an alten Männern. Speziell im Karneval hat man den Eindruck, dass neunzig Prozent aller Kölner übergewichtige Rentner über siebzig sind. Alte Männer fühlen sich in Köln sehr wohl, die Stadt ist ja selber uralt und damit wie für sie gemacht. Aber natürlich sind diese alten Säcke (das soll keine Beleidigung sein, sondern vielmehr eine korrekte Bezeichnung) alle schon seit den Kreuzzügen verheiratet und fallen somit als potenzielle Partner flach.

Außerdem sind da natürlich noch die Imi-Frauen, die im Schnitt jünger als die Kölnerinnen sind und deren Geschmack normal geblieben ist. Kommen wir also zu jüngeren Männern, und die wichtigste Rolle spielt da natürlich das Optische.

Die Wissenschaft hat im Zuge vieler Studien inzwischen ein recht exaktes Bild davon erstellt, welche körperlichen Attribute Frauen ansprechen. Frauen stehen evolutionstechnisch auf Männer, die gesund und stark aussehen, damit sie Nahrung beschaffen, die Kinder beschützen und innerhalb kürzester Zeit neue Kinder anfertigen können (falls die alten kaputtgehen), dies verbunden mit einem möglichst hohen Orgasmus-Koeffizienten. Für die Kölnerinnen gilt das jedoch nur eingeschränkt. Sie brauchen schon lange keinen Mann mehr, der das Essen ranschafft, denn die Kölner sind es seit Jahrhunderten gewohnt, dass schon irgendwie für sie gesorgt wird.

Seitdem Köln es im Mittelalter mit einem Berg aus Gebeinen zweifelhafter Herkunft zum Anziehungspunkt für Pilger gebracht und außerdem das Stapelrecht, eine besonders bequeme Art des legalen Raubrittertums, erlangt hatte, sind die Kölner der Auffassung, für ihren Lebensunterhalt nicht arbeiten zu müssen. Diese Einstellung spiegelt sich noch heute in der Arbeitsmoral und der Wirtschaftspolitik in Köln wider, wie Ihnen sicher schon aufgefallen ist. Aus all dem folgt, dass körperliche Stärke bei der Partnersuche in Köln nie eine Rolle gespielt hat und auch nie spielen wird.

Männer müssen nicht stark aussehen, um für Kölnerinnen attraktiv zu sein.

Die körperlichen Anforderungen der Kölnerin an den Mann unterscheiden sich grundlegend von denen anderer Frauen. Letztere stehen auf athletischen Körperbau, knackige Hintern, volles Haar, flachen Bauch und Drei-Tage-Bart. Kölnerinnen wollen offenbar häufig das Gegenteil. Sehen Sie sich doch einfach mal ein paar prominente Kölner an, die bei den hiesigen Damen besonders begehrt sind.

Da wäre zum Beispiel Wolfgang Niedecken. Ein Mann mittleren Alters, ausgestattet mit einer Frisur, die einem explodierten Pudel nicht unähnlich ist. Volle Haare, aber von athletischem Körperbau und Ähnlichem keine Rede. Oder Tommy Engel, ein schmerbäuchiger, gemütlicher Schnauzbartträger. Peter Millowitsch dito, manchmal aber ohne Schnäuzer. Und die Band »De Höhner«, deren Leadsänger einen Bart trägt, der mit dem von Jean Pütz korrespondiert und der womöglich sogar als typisch kölsch bezeichenbar ist. Die haben zwar volles Haar, aber hauptsächlich auf der Oberlippe. Flache Bäuche sucht man da jedenfalls vergebens. Im Großen und Ganzen scheint die übliche Palette männlicher Attraktivitätskriterien an der Kölnerin vorbeizugehen. Wir müssen jedoch einschränkend sagen, dass das womöglich einfach nur daran liegt, dass das Angebot an klassisch gut aussehenden Männern in Köln recht dünn ist. Dazu später mehr. Viele jüngere Kölner haben allerdings inzwischen gemerkt, dass Imi-Frauen andere Maßstäbe haben, und geben sich mehr Mühe, gut auszusehen. Um sich, nachdem die Beute erlegt wurde, übergangslos in das alkoholisierte Wasserschwein zu verwandeln, das wir kennen und lieben.

Um einen athletischen Körperbau zu haben, muss man Sport machen. Natürlich sind die Kölner Männer äußerst sportversessen, aber das bezieht sich ausschließlich auf das Zuschauen. Und sogar beim Zuschauen ist es im Grunde gar nicht der Sport, der sie interessiert. Im Verständnis der Kölner ist Sport nämlich etwas, das andere für sie erledigen, damit sie dann den Ruhm ernten können. Diese Einstellung zum Sport unterscheidet sich also nicht sonderlich von der kölschen Einstellung zur Arbeit.

In Köln steht zwar das Deutsche Sportmuseum, aber mit der Gegenwart sieht es duster aus. Die Stadt tut sich sportlich kaum hervor, abgesehen vom Eishockey, einer Randsportart für nichtsozialisierte, gewaltbereite Exzentriker - und das gilt auch für das Publikum. Die erfolgreichen Kölner Haie haben mit Köln freilich nichts zu tun, die meisten Spieler sprechen noch nicht einmal deutsch. Aber das Thema Sport hat eine Schlüsselfunktion bei der Frage, wie man den kölnischen Mann definiert und versteht. Und wenn man den absoluten Kölner identifizieren will, den Hardcore-Kölner, den absoluten Extrem-Kölschen, ist die beste Methode, sich die Fans vom 1. FC Köln anzusehen. Freilich hat der Verein auch anderswo Anhänger, so wie jeder größere Club, aber die wahren FC-Fans müssen schon in Köln leben. Wollte man diese Männer mit einem Ausdruck beschreiben, lautete er wahrscheinlich »unzurechnungsfähig«.

Wir haben eine Weile das Experiment unternommen, uns unter diese Fans zu mischen und auch im Chat-Forum des 1. FC Köln mitzudiskutieren. Um es kurz zu machen: Es war eine zutiefst verstörende Erfahrung, vergleichbar mit einem Autounfall oder einer TV-Gerichtsshow. Die FC-Fans sind die eigenartigsten und verschrobensten Fußballfans Deutschlands, und das hat einen einfachen Grund:

FC-Fans sind eigentlich gar keine Fußballfans. Sie sind nur Köln-Fans.

Dem unbeteiligten Zuschauer drängt sich schnell der Eindruck auf, dass der Fußball für die Fans bloß eine Randerscheinung ist, die sie billigend in Kauf nehmen, um dafür ihre chauvinistischen Ressentiments gegen Feinde wie Leverkusen, Mönchengladbach und bei Gelegenheit sogar gegen Düsseldorf, das im bezahlten Fußball schon lange keine Rolle mehr spielt, auszuleben. Den Fans ist es wichtiger, dass sich ihr Kapitän mit dem Verein und der Stadt identifiziert, als dass er gut spielt. Im erwähnten Chat-Forum hat einmal ein FC-Fan die anderen dazu aufgerufen, im Südstadion aufzukreuzen bei einem Spiel von Fortuna Köln gegen Fortuna Düsseldorf, um gegen die Düsseldorfer zu stänkern. Der Vorschlag fand ein begeistertes Echo.

In FC-Fan-Kreisen wird immer gerne ernsthaft behauptet, der Verein würde grundsätzlich von allen, aber auch wirklich allen Schiedsrichtern benachteiligt. Dafür kann keiner einen plausiblen Grund nennen, aber alle stimmen dem zu.

Derselbe Trainer, der ein paar Monate zuvor als der Heilige Messias des Fußballs gepriesen wurde, wird nach nur zwei, drei Niederlagen als konzeptloser Dödel abgetan, der gefälligst sofort gehen soll. Genauso verfährt man mit Spielern und Managern. Und immer, wenn der Trainer zur Disposition steht (also alle drei bis vier Tage), sind sich die Fans sofort einig, wer unbedingt sein Nachfolger werden muss: Christoph Daum, auch bekannt als der Heiland. Von unerschütterlichem Missionseifer beseelt, veranstalten die Sanyasins der Daum-Sekte sogar Demonstrationen vor dem Geißbockheim, bei denen sie vor der staunenden Fußball-Nation fordern, »doch endlich den Daum zu holen«. Natürlich bringt das nichts, nicht nur aus den offensichtlichen Gründen, sondern auch, weil die Sponsoren dem Verein arschklar zu verstehen geben, dass sie keinen roten Heller mehr rausrücken, sollte das blaue Koks-Sakko auf der Trainerbank gesichtet werden.

Aber sind denn alle Kölner so weltfremd und größenwahnsinnig? Natürlich nicht. Es gibt auch welche, die sind tot. Was nun die Kölner als Sporttreibende angeht, bleibt wenig zu sagen. Männer machen eigentlich gerne Sport, er ist eine Ersatzbefriedigung dafür, dass der Jäger und Sammler inzwischen weder jagt noch sammelt. Die Kölner aber *waren* niemals Jäger und Sammler, wie schon erwähnt. Deshalb brauchen sie auch keinen Sport als Ersatz.

Kölner sind viel weniger in Sportvereinen aktiv als die Bewohner anderer Städte und Regionen. Jogger und Rennradfahrer sieht man selten (wobei wir einräumen, dass es für diese auch nur wenig Trainingsmöglichkeiten gibt), und der Nachwuchs in den Fußballvereinen besteht zur Hälfte aus jungen Türken. Das ist natürlich voll okay, aber man kann es wohl kaum als Beispiel für kölsche Sportbegeisterung heranziehen. Junge Kölner wollen vor allem schnell Auto fahren, das ist Sport genug für sie. So können sie ihren Jagdinstinkt ausleben, ohne den Arsch aus dem Polster zu heben.

Sogar kölsche Profisportler lehnen es grundsätzlich ab, für ihr Geld zu arbeiten. Bestes Beispiel ist der (ehemalige) Kapitän des 1. FC Köln, Dirk Lottner. Ein Fußballer, der sich seit vielen Jahren durch seine Karriere mogelt, indem er sich auf dem Rasen kaum bewegt, jeden Zweikampf verliert, dafür alle paar Spiele ein Freistoßtor erzielt und dann eine Vertragsverlängerung fordert. Das ist alles, was er kann, das ist alles, was er will.

Als am Ende der Saison 2002/2003 der Wiederwiederaufstieg des FC feststand, waren noch vier Spiele zu absolvieren, und der FC verlor sie alle – weil die Spieler lieber feierten, allen voran unsere »Lotte«. Auf diese doch eher antiprofessionelle Einstellung angesprochen blaffte Lottner: »Ehrlich gesagt, ist es mir scheißegal, wie wir uns hier verkauft haben. Wir dürfen uns doch wohl das Recht rausnehmen, ein paar Tage zu feiern. Wenn wir nicht topfit sind, reicht es für uns eben nicht.« Zeitgleich gewannen die Bayern übrigens gegen Kaiserslautern, obwohl sie schon als Meister feststanden.

Es gilt also folgende Regel, wobei wir die homosexuellen Mitbürger mal eiskalt ausgrenzen:

Mit »athletischem Körper« kann man bei Kölner Männern nicht rechnen.

So viel zum Körperlichen. Aber im 21. Jahrhundert will frau (anscheinend) auch einen Mann haben, der ihre emotionalen Bedürfnisse befriedigt. Frauen suchen also im Grunde einen durchtrainierten Modell-Athleten mit der Seele eines Poeten oder zumindest eines Talkshow-Moderators. Je nachdem, in welchem Stadium ihres Zyklus die Frau ist, will sie mal das eine und mal das andere, und am besten ist natürlich einer, der beide Anforderungen erfüllt. Oliver Geißens Popularität basiert ja nicht nur auf seinem zugestandenermaßen schmucken Äußeren, sondern auch auf seinem Talent, Interesse an der Meinung seiner Gesprächspartner vortäuschen zu können. Langfristig sind Frauen jedoch vor allem an Fürsorglichkeit interessiert, weniger an körperlichen Attributen. Sie schätzen an Männern Persönlichkeit, Humor, Intelligenz und Sensibilität.

Ähem.

Und jetzt reden wir über die Kölner.

Also, eines wollen wir festhalten: Die Kölner haben ganz entschieden eine sehr starke Persönlichkeit. Sie strotzen nur so davon. Sie genießen es, im Mittelpunkt zu stehen, auf sich aufmerksam zu machen und keinen Zweifel daran zu lassen, äußerst wichtige Dinge bekannt zu geben. Sie sind Stimmungskanonen und Rampensäue, und man muss schon sehr viel Nervenstärke mitbringen, um sich mit ihnen messen zu können. Oh ja, jeder Kölner könnte problemlos eine eigene TV-Show haben – und sehr viele haben ja auch eine. Es gibt hier Szenekneipen, da kommt man ohne eigene Talkshow schon gar nicht mehr rein. Die Frage ist nur, ob es das ist, was die Frauen unter Persönlichkeit verstehen. Vermutlich meinen sie eher, dass der Mann distinguiert sein sollte, charmant, ausgeglichen, sympathisch. Die innere Prunksitzung, die der Kölner jeden Tag durchlebt, lässt ihn hier Punkte verlieren.

Aber das macht er mit seinem leuchtenden Humor wieder wett. Sie werden keinen Kölner finden, der sich nicht für humorvoll hält. Na gut, die Zahl der Nicht-Kölner, die ihm da beipflichtet, ist deutlich niedriger, aber dafür kann der Kölner ja nichts. Er ist nämlich das unschuldige Opfer eines Missverständnisses. Er verwechselt »Humor« mit »Frohsinn«. Er glaubt, dass man dadurch Sinn für Humor beweist, indem man möglichst häufig und lauthals lacht. Er denkt frei nach Descartes: Ich lache, also bin ich humorvoll. Für ihn wäre es auch ein Beweis von Humor, wenn er bei einem Verkehrsunfall zusieht und dabei in schallendes Gelächter ausbricht. Dass es zum Lachen einen Grund geben sollte und durchaus nicht alles komisch ist, was in einer Büttenrede vor einem Tusch gebrabbelt wird, ist ihm schlecht beizubringen. Wenn jemand nicht lacht, obwohl es doch alle anderen tun, ist für ihn klar: Der hat keinen Humor.

Der Humor der Kölner ist zumindest ausbaufähig, denn Kölner lachen gerne über andere, aber niemals über sich selbst. So haben sie sich ein ganz spezielles Humorverständnis geschaffen, das spätestens mit dem Verlassen des Rheinlands niemand mehr versteht. Dies ist ein Hauptgrund, warum Imis und Kölner nicht zueinander passen. Sie können nicht gemeinsam lachen, und das soll Gerüchten zufolge nicht völlig unwichtig in einer Beziehung sein. Wenn er anfängt zu johlen, wenn seine Imi-Freundin auf einer Kölsch-Lache ausrutscht, bedeutet das schon mal einen ernsthaften Konflikt.

Thema Intelligenz: Da gilt in etwa dasselbe wie für den Humor. Die Kölner wissen viel. Sie wissen sogar viele Dinge, die außer ihnen niemand weiß. Zum Beispiel, dass Köln die deutsche Stadt mit dem höchsten Ausländeranteil ist. In diesem Wissen lassen sie sich auch nicht von irgendwelchen Statistiken beirren, die »belegen«, dass beispielsweise in Frankfurt der Ausländeranteil fast doppelt so hoch ist wie hier.

Die Kölner wissen auch, dass ihre Stadt Deutschlands Kulturmetropole Nummer 1 ist, auch wenn kein Mensch in ihre Museen geht, die Städtischen Bühnen nur mit riesigen Freikarten-Kontingenten zu füllen sind und die Musikbranche mit fliegenden Fahnen aus der Stadt flüchtet. Und die Kölner wissen ganz genau, dass Kölsch das beste Bier der Welt ist. Und das müssen wir als Imis zugeben: Das haben wir nicht gewusst. Und wissen es immer noch nicht.

Hinterfotzige Gestalten, die ihre Wissenslücken nicht eingestehen wollen, ziehen aus all dem leider ganz andere Schlüsse. Sie behaupten zwar nicht direkt, dass die Kölner geistig zurückgeblieben sind, schließlich gibt es hier auch Schulen und sogar die nach Studentenzahl größte Uni des Landes, aber beide reißen sich qualitativ nicht eben die Beine aus, so meinen die Ketzer und die Fachwelt.

Unübersehbar ist zugegebenermaßen eine prinzipielle Abneigung gegen Bildung und Kultur bei den Kölnern. So was ist langweilig und generell entbehrlich. Wir hielten uns drei Tage lang die Bäuche, als Köln öffentlich die Vorstellung überkam, man könne doch der zuständigen Jury die Erlaubnis erteilen, Köln den Status der Europäischen Kulturhauptstadt zu verleihen. Die Lachsalven der deutschen Kulturelite klingen immer noch in unseren Ohren.

In der Realität muss die Stadtbibliothek mit geringen Mitteln auskommen und hält sich mit Reservierungsgebühren ohne Gewähr über Wasser. Die Schulen sind in einem Zustand, der emigrierte Kinder aus Kasachstan Heimweh verspüren lässt. Die Universität wird in fast allen Studiengängen bestenfalls durchschnittlich bewertet – unser Kompliment jedoch an die Mensa! Für die Kulturförderung gibt es kein Konzept, man verteilt das Geld, wenn überhaupt welches da ist, lieber nach persönlichen Vorlieben – und da rangieren offenbar Mundart-Puppenspiele als unverzichtbarer Baustein für eine Kulturhauptstadt ganz oben.

Als wertvolle Kunstobjekte betrachtet man hier keine Skulpturen oder Gemälde, sondern lieber einen goldenen Ford Fiesta mit

Flügeln oder eine Kugel mit 'nem Männchen drauf. Das beliebteste Kölner Museum ist das Schokoladenmuseum, welches es als Einziges sogar unter die Top Ten der meistbesuchten deutschen Museen schafft. Das Kölner Schauspiel fällt schließlich nur noch durch Querelen und Skandale auf, die Förderung durch die Stadt ist schon seit Jahren ein Witz. Man braucht das Geld dringender für Umgehungsstraßen und ein neues Fußball-Stadion. Und wir sind mal einer Kölnerin begegnet, die uns erklärte, warum sie keine Zeitungen liest: Weil sie »stinken«.

Okay, die Rundschau sollte vielleicht wirklich mal anderes Papier benutzen. Aber kommen wir noch zum Thema Sensibilität. Und das muss man sagen: Der Kölner ist äußerst sensibel. Er ist ein süßes kleines Lämmchen, unschuldig und harmoniesüchtig, und will immer Friede, Freude, Reibekuchen. Er legt viel Wert darauf, dass niemals jemandes Gefühle verletzt werden. Zumindest nicht die eigenen. Er ist zwar schwer zu beleidigen, aber Kritik stört ihn, weil er sie ungerecht findet. Auf die Idee, dass sie berechtigt sein könnte, kommt er gar nicht erst. Für ihn ist Kritik grundsätzlich etwas Schlechtes, denn schließlich könnte das ja andeuten, dass etwas nicht in Ordnung ist. Und das wiederum würde ein Nachdenken über Sachzusammenhänge nach sich ziehen, und das macht immer so Kopfschmerzen.

Kritik oder Beschimpfungen prallen an Kölnern ab wie an einem Trampolin, und dieses Verhalten erwartet er ebenso von allen übrigen Menschen. Er überträgt seinen eigenen Gleichmut auf andere Leute und denkt, auch diese könne man nicht beleidigen. Deshalb glaubt er, dass er bei jedem total beliebt ist. Er merkt es einfach nicht, wenn er andere vor den Kopf stößt oder ihnen auf die Nerven geht. Solange er alles in seiner typisch kölschen Art, also kumpelhaft, locker und aufdringlich, von sich gibt, kann man nicht anderer Meinung sein als er. So macht es ihm auch gar nichts aus, Karneval zu feiern, während Kriegsvorbereitungen laufen oder der Oberbürgermeister im Sterben liegt.

Frauen werden von Kölnern milde enttäuscht sein, wenn sie allzu viel Humor, Intelligenz oder Sensibilität erwarten.

Dass trotz alledem die Kölner noch nicht ausgestorben sind (obwohl sie durchaus auf dem Weg dorthin sind), muss daran liegen, dass die Kölnerinnen offenbar kein Problem haben mit dem Naturell ihrer Männer. Notfalls halten sie sich eben an männlichen Imis schadlos. Die kommen sich danach häufig total benutzt vor.

Eine Frau, die einen Mann wegen seines Bedürfnisses nach visueller Stimulation kritisiert, ist nicht besser als ein Mann, der eine Frau kritisiert, weil sie mit ihm reden oder einen netten Abend in einem Restaurant verbringen will.

AUS »WARUM MÄNNER NICHT ZUHÖREN UND FRAUEN SCHLECHT EINPARKEN«

die kölnerin im speziellen

Um eines mal klarzustellen: Männer wollen nicht nur Sex. Nein. Männer wollen, zum Beispiel, auch was zu essen. Benötigt wird also eine Sexbombe, die kochen kann. Das wird man ja wohl verlangen können, oder? Ansonsten sind Männer nicht anspruchsvoll und durchaus zu Kompromissen bereit. Und das müssen sie in Köln auch sein, denn die Frauen hier sind in vielerlei Hinsicht etwas anders drauf als die Frauen, von denen Männer so gern träumen.

Die Kölnerinnen lassen sich nicht ganz so leicht etikettieren wie die Kölner. Wir beginnen mal mit was Einfachem und weitgehend Unstrittigem, einer merkwürdigen Schrulle, die wir durchaus liebenswert, um nicht zu sagen sogar vorbildlich finden. Es geht um die Optik bei den Kölner Frauen. Ganz sicher kann man nicht generell behaupten, dass Kölnerinnen schlecht aussehen. Generell kann man lediglich behaupten:

Kölnerinnen ziehen sich selten chic an.

Das ist eine ganz seltsame Kiste, die Imi-Männern häufig als Allererstes auffällt, besonders wenn sie aus gut angezogenen Gegenden wie München, Hamburg oder Düsseldorf kommen. Letztere Stadt ist auch die Ursache für dieses Phänomen. Es geht den Kölnerinnen darum, sich von den Düsseldorferinnen abzusetzen. Diese stehen ja in dem Ruf, sich für was Besseres zu halten, stets elegant und vornehm zu tun, indem sie mit Pelzkappen und Kaschmirmänteln den ganzen Tag die Königsallee rauf- und runterflanieren.

Wir haben uns das übrigens mal angesehen und mussten feststellen: Mumpitz Schmumpitz. Die Düsseldorfer sind ganz normale Leute. Allerdings ist es wahr, dass die Arbeitslosenquote dort deutlich niedriger ist als in Köln, und auch der Durchschnittsverdienst ist ein ganzes Stück höher. Die Kölner neiden wohl den Düsseldorfern ein bisschen ihren wirtschaftlichen Erfolg und ihren Wohlstand, und um das nicht zugeben zu müssen, wandeln sie ihren Neid um in Verachtung. Tatsächlich laufen aber auch in Köln, vor allem in der Mittelstraße und in den Lebensmittelabteilungen von Karstadt und Kaufhof, bepelzte und bekaschmierte Leute herum und decken sich ein mit Kaninchenfell-Handschuhen und einzelnen Kaviareiern aus dem Kaspischen Meer. Auch in Köln gibt es eine Schickeria, sie fällt nur nicht so auf, weil sie fast ausschließlich im entlegenen Hahnwald vor sich hin vegetiert.

Die Kölner jedoch brauchen ihren Standesdünkel. Sie fühlen sich eben als bodenständiges Arbeitervolk. Was ziemlicher Quatsch ist, die richtige Arbeit wird in Köln von ausländischen Einwanderern absolviert. Wäre es anders, die Stadt wäre längst ein Trümmerhaufen. Beziehungsweise, wir wollen exakt ein, sie wäre ein noch größerer Trümmerhaufen. Trotzdem wollen sich die Kölner auf keinen Fall dem Verdacht aussetzen, sie seien irgendwie hochnäsig gegenüber weniger gut Gestellten. Das wäre doch total unkölsch, mal ganz davon abgesehen, dass es sowieso nicht viele Leute gibt, die schlechter gestellt sind als die Kölner.

Um nach außen hin Bescheidenheit zu demonstrieren, vermeiden Kölnerinnen es also zu protzen. Auch wenn sie Geld haben, kleiden sie sich selten allzu geschmackvoll. Junge Leute sind natürlich markenbewusst, aber auch sie kaufen sehr viel in Second-Hand-Läden ein. Es geht den Frauen in Köln stets darum, jegliche »Kö-Kompatibilität« zu vermeiden. Denn wenn frau selber wie eine Düsseldorferin rumläuft, kann sie sich nicht mehr über die Landeshauptstadt und ihre snobistischen Einwohner mokieren, und das ist etwas, was die Kölner nun mal brauchen. Wenn sie schon gezwungen sind, das schlechtere Bier zu trinken.

Wir haben ja schon ausgeführt (und werden später noch präziser aufzeigen), dass männliche Kölner von der Natur im Allgemeinen nicht so gut bedacht sind. Und diese Männer sind ja nun leider auch die Väter der Kölnerinnen und geben ihr unattraktives Erbgut an sie weiter. Es gibt viele schöne Kölnerinnen, aber die sind meistens gerade mal erste Generation. Sie sollten als Kölner bei Ihrer Tochter also unbedingt darauf achten, dass sie einen gut aussehenden Imi heiratet, sonst sieht Ihr Enkel aus wie Peter Millowitsch. Und zwar schon im Alter von fünf Jahren.

Das Aussehen der Kölnerinnen leidet unter dem Aussehen ihrer Väter.

Untersuchungen zufolge erfreuen sich Männer bei Frauen an einem athletischen Körper, großen Brüsten, einem sinnlichen Mund, langen Beinen und einem wohlgeformten Hintern. Mit »athletischem Körper« ist übrigens nicht schlank oder drahtig gemeint, sondern stark und durchaus mal etwas runder.

Wir werden jetzt nicht behaupten, Kölnerinnen hätten keine großen Brüste. Die haben sie, und wir können Ihnen versichern, der Autor dieser Zeilen hat hier ausführlichst recherchiert. Er hat in sämtlichen Kölner Freibädern Hausverbot – wobei man zugeben muss, das Teleskop war übertrieben. Aber was tut man nicht alles für seine Leser. Wir können jedenfalls folgende Überlegung anbringen:

Das Bekleidungsphysiologische Institut Hohenstein e.V. (nein, im Ernst, das gibt es wirklich) hat im Auftrag der Forschungsgemeinschaft Bekleidungsindustrie (dito) eine groß angelegte Studie durchgeführt und dabei festgestellt: Deutsche Brüste werden immer größer. 1983 lag der Anteil der Frauen mit Körbchengröße A noch bei über 50 Prozent. Zur Jahrtausendwende fallen die größten

Marktanteile aber bereits auf Größe C. Rein statistisch werden die Brüste der Frauen immer größer, je älter sie werden.

Was schließen wir daraus? Wo besonders viele ältere Frauen sind, prangen die größeren Balkone an den Fronten. Und wo es mehr junge Frauen gibt, ist die durchschnittliche Brüstung eher sparsam dekoriert. Und nun übertragen wir das auf Köln. Die Kölner und Kölnerinnen sind bekannt dafür, ihre Stadt nur in extremen Notfällen zu verlassen, und aus ihr wegzuziehen ist für die allermeisten undenkbar. Anderswo sind gerade junge Leute sehr daran interessiert, mal woanders hinzukommen, und dann ziehen sie in eine andere Gegend. Die jungen (und damit noch unentwickelten) Kölnerinnen bleiben aber hier – und versauen der kölschen Oberweite den Schnitt!

Kölnerinnen haben altersbedingt im Durchschnitt kleinere Brüste als die restlichen Deutschinnen.

Die Kölnerinnen machen es uns nicht leicht, wenn wir versuchen, sie optisch einzuschätzen. Es geht ja nicht nur darum, dass sich Kölnerinnen nicht chic anziehen. Sie vermeiden es auch tunlichst, in irgendeiner Form erotische Signale auszusenden. Tiefe Dekolletés sind eine Seltenheit, ebenso wie kurze Röcke oder Leggings. Letztere werden hier hauptsächlich von sexuell noch schwankenden jungen Männern getragen. Kölnerinnen wollen jedoch nicht durch körperliche Attraktivität unangenehm auffallen. Wir haben lange gebraucht, bis wir verstanden haben, warum. Man muss sich dafür nämlich in die Situation der Frau versetzen. Es hat vielleicht auch etwas mit der katholischen Grundeinstellung zu tun, die man ja nur schwer loswird. Aber der Hauptgrund ist ein anderer.

Die viel zitierte Geselligkeit, Kontaktfreude und Offenheit der Kölner artet oft in ein nahezu hemmungsloses Balzverhalten aus. Das durch Rund-um-die-Uhr-Kölschkonsum gesteigerte Selbstbewusstsein der Männer lässt sie jede Frau anbaggern, die ihnen reizvoll erscheint, und das kann für Frauen zuweilen ziemlich stressig werden. Damit die Frauen also ihre Ruhe haben vor alkoholisierten Stimmungskanonen, verstecken sie ihre körperlichen Reize, um möglichst keine Aufmerksamkeit zu erregen. Häufig setzen sie dazu noch einen übellaunigen Gesichtsausdruck auf, um jede Hoffnung auf Kontaktaufnahme im Keime zu ersticken.

Es ist wichtig für eine Frau in Köln, nicht zu sexy zu sein – damit vermeidet sie Schwierigkeiten.

Man kann ihnen das also nicht übel nehmen, es hat überhaupt nichts mit Verklemmtheit zu tun, sondern mit Selbstschutz. Besonders wichtig ist das übrigens bei der Dekolleté-Frage. Mit dem aufrechten Gang wurden die Brüste bekanntlich zum wichtigsten erotischen Signal. Die zwergwüchsigen Kölner (der gemeine Kölner ist im Schnitt elf Zentimeter kleiner als der handelsübliche Deutsche) sind häufig mit dem Busen der Frauen auf Augenhöhe. Hier ist also Vorsicht angeraten, zumindest für normal große Imi-Frauen.

Die Kölnerinnen selber sind ebenfalls etwas kleiner und haben deshalb auch nicht die angeblich so begehrten langen Beine zu bieten. Einen sinnlichen Mund haben sie auch nicht, der würde beim Kölschtrinken stören. Das Zeug wird ja in sehr dünnen Gläsern serviert – passend zum sehr dünnen Bier. Da reicht ein kleiner Mund. Der Hintern der Kölnerin ist eher breit, das kommt vom vielen Sitzen. Kölner und Kölnerinnen fahren lieber Auto, anstatt zu laufen, das macht sich bemerkbar.

Damit wir uns richtig verstehen: Nichts von alledem ist irgendwie zu beanstanden. Wir sind keine Freunde dieser seltsamen Untersuchungen, in denen angeblich nachgewiesen wird, worauf Männer stehen und worauf nicht. Männer lügen in solchen Befragungen einfach, weil sie sich nicht trauen, einen Frauengeschmack zu offenbaren, der dem gängigen Schönheitsideal zuwiderläuft. Es sagt ja auch keiner, dass er lieber Opel statt BMW fährt, obwohl wir diese Aussage durchaus nachvollziehen könnten. Die Klischees stimmen nicht, seit Jahren wird den Männern ein albernes Schönheitsideal aufgedrängt, das mit ihrem ursprünglichen Geschmack gar nichts zu tun hat. Marilyn Monroe hatte Kleidergröße 42, und auch Samantha Fox würde inzwischen wohl als zu dick angesehen (richtig, sie lebt noch, aber sie ist lesbisch und zählt deshalb für Männer nicht mehr).

Es ist eine Frage des individuellen ästhetischen Empfindens, und in einer Welt, in der Männer sich aus erotischen Motiven gegenseitig aufessen, kann man, so meinen wir, niemandem mehr einen kollektiven Frauengeschmack aufdrängen. Es gibt genug Männer, die auf breite Hintern stehen, sie sind möglicherweise sogar in der Mehrheit. Wir weigern uns zwar strikt zu glauben, Frauen könnten tatsächlich Bierbäuche und buschige Schnauzbärte knuddelig finden, aber wir wollen ja niemandem was vorschreiben.

Wir verfallen aber auch nicht in das allgemeine Gejammer, wie ungerecht es sei, dass Frauen dauernd nur nach ihrem Äußeren beurteilt würden, Männer hingegen ... na ja, nach was eigentlich? Die inneren Werte können's ja wohl nicht sein. Stärke, Geld, Macht, Sensibilität, Intelligenz, das sollen Männer alles besitzen. Du lieber Himmel, da haben es Frauen aber einfacher. Schließlich kann man sich nicht auf einen OP-Tisch legen und eine Sensibilitäts-Straffung oder eine Gehirnvergrößerung vornehmen lassen. Und selbst wenn man es könnte, es würde keiner tun, für so was gibt ein Mann kein Geld aus. Erst recht kein Kölner. Die Dauerkarte für den FC ist teuer genug.

Vergiss es, Fry: Ich bin eine Frau, du bist ein Mann. Wir sind einfach zu verschieden.

LEELA IN »FUTURAMA«

wie kölner fühlen

In diesem Abschnitt geht es um Unterschiede zwischen den Geschlechtern bei den Sinneswahrnehmungen. Es ist Ihnen womöglich noch nicht aufgefallen, aber Männer und Frauen sind in mancherlei Hinsicht doch tatsächlich ein wenig verschieden. Frauen benutzen zum Beispiel Lockenwickler, während Männer im Stehen pinkeln. Beides zusammen ergibt ein Bild, das jeden Außerirdischen von Invasionsplänen Abstand nehmen ließe. Kölner und Kölnerinnen teilen sich zusammen viele Eigenheiten, Ansichten und Hobbys, aber es gibt auch Dinge, die sie trennen. Allerdings nicht den Müll, den trennen sie beide nicht.

Frauen haben von Natur aus feiner eingestellte Sensoren als Männer. Sie können winzige Veränderungen und minimale Details erkennen, wo Männern nicht einmal auffällt, dass der Kleiderschrank explodiert ist. Dummerweise erwarten Frauen von Männern, dass sie genauso durchblicken wie sie selbst. Die Frau versteht einfach nicht, dass der Mann nicht so ist wie sie. Männer sind nun mal keine emotionalen Seismographen.

Frauen hören sich an, was der Mann sagt, und jagen die Worte dann durch eine Analyse- und Interpretationsmaschine, die schon nach Sekundenbruchteilen die seltsamsten Ergebnisse ausspuckt. Frauen glauben, die Männer wollen ihnen etwas sagen, auch wenn sie nichts sagen. Der Systemfehler besteht einfach darin, dass das weibliche Einfühlungsvermögen – nur bei Frauen und Kindern funktioniert. Bei Männern ist es wirkungslos und produziert am laufenden Band Missverständnisse.

Frauen sind gegenüber Männern völlig unsensibel.

Wäre es anders, würden sie ja verstehen, dass es sinnlos ist, die tiefere Bedeutung männlicher Worte zu erfassen. Denn männliche Worte *haben* gar keine tiefere Bedeutung, sie bedeuten immer genau das, was sie aussagen. Es hat noch nie einen Fall gegeben, bei dem der Mann sagte »Ich hab keinen Hunger« und in Wirklichkeit meinte: »Unsere Beziehung steckt in der Krise, ich habe eine andere Frau kennen gelernt, du kochst scheiße und bist mir sowieso zu fett«. Das gibt es nicht.

Diese Sprachprobleme sind es dann auch meistens, die das Ende der Beziehung einläuten. Die Unfähigkeit der Frauen, die drei Milliarden Männer auf dieser Welt zu verstehen, ist eins der grundlegenden Hindernisse für eine funktionierende Partnerschaft.

Nicht, dass Männer Frauen verstünden. Gott bewahre. Aber Männer geben das wenigstens zu. Dietmar Wischmeyer beschreibt es so: »Das weibliche Gehirn erscheint dem Manne wie eine zugemüllte Festplatte. Auf die Frage: ›Möchtest du eine Tasse Kaffee?‹ würden die meisten Männer mit ›Ja‹ oder ›Nein‹ antworten, die meisten Frauen – besonders wenn sie sich das Zutrauen des Fragenden durch Ehe oder Partnerschaft erschlichen haben – antworten ausführlicher: ›Denk mal etwas nach, bitte schön!! Dann weißt du selbst, ob ich noch Kaffee will.‹ Nur der ungeheuren Friedfertigkeit des Mannes ist das Überleben des Weibes in solchen Situationen zuzuschreiben.«

Frauen erwarten von Männern eine Eigenschaft, die sie sich selber gerne zuschreiben: die »weibliche Intuition«, unter Männern auch bekannt als »Verfolgungswahn«. Diese hat sich bei den Kölnerinnen allerdings nicht gehalten, denn sie ist überflüssig geworden. Kölnische Männer sind derart simpel gestrickt, dass frau sie noch auf eine Entfernung von zwölf Kilometern durchschaut. Außerdem wurden im Mittelalter alle Kölnerinnen, die über ein zu hohes Maß an Intuition verfügten, einfach verbrannt.

Diese weibliche Fähigkeit war jedoch früher einmal notwendig. Frauen mussten schon in der Steinzeit in der Lage sein, an Gesichtern Empfindungen abzulesen, denn wenn man damals kleine Kinder gefragt hat, wie es ihnen ging, kriegte man selten eine auswertbare Antwort. Das soll jetzt kein Plädoyer für die Frau als Muttertier sein, immerhin sind Kinder heutzutage rudimentär sprachfähig.

Die Wissenschaft hat während der letzten Mittagspause festgestellt, dass es an den Augen liegt - Frauen können Farben besser unterscheiden. Wo Männer glauben, ein Pulli wäre rosa, weiß die Frau, er ist mandarin. Weibliche Augen haben auch ein breiteres Sichtfeld, während Männer quasi durch Tunnel blicken.

In Köln gilt dieser Unterschied nicht. Auch die Männer können hier sehr viel überblicken, ihr peripheres Sehen steht denen der Frauen in nichts nach. Das hat einen sehr einfachen Grund: Das Kölner Straßennetz hat einen gewissen chaotischen Charme. Die Stadt hat sich über viele Jahrhunderte entwickelt, zwar nicht gerade besonders schnell, aber dafür umso planloser.

In den letzten dreißig Jahren hat sich die Stadt dramatisch verändert, ausgelöst durch Wirtschaftswunder und der nicht auszurottenden Auffassung, jeder Mensch in Köln müsse mindestens drei Autos haben. Aus einer gemütlichen kleinen Rheinsiedlung ist in Nullkommanix ein Endzeit-Straßenmoloch geworden, in der die Zahl der Autounfälle steigt und steigt. Auf diese Verkehrsexplosion war die alte Stadt nicht vorbereitet. Die vielen kleinen engen Straßen, die im Mittelalter angelegt wurden, als man von so etwas wie einem Automobil noch keine Ahnung hatte, haben sich zu einem Labyrinth vereinigt, das man nicht mehr überschauen kann. Gleichzeitig sträubt man sich hier mit Händen und Füßen dagegen, die Innenstadt für den Autoverkehr zu sperren, um dem Wahnsinn ein Ende zu machen.

Das alles führte dazu, dass die Kölner, ganz egal, ob Mann oder Frau, sensorisch inzwischen trainiert sind wie Laborratten, die sich durch verschachtelte Gänge hindurchfinden müssen, um ihren Käse zu bekommen. Gleichzeitig müssen sie ständig darauf achten, nicht von zu schnell fahrenden Autos überfahren zu werden, müssen die

Radwege beachten und den anderen Kölnern ausweichen, die von allen Seiten um sie herumwuseln.

Wenn man selber Auto fährt, ist es nicht besser, man steht ständig unter Strom, denn für den Autofahrer ist die Lage noch schlimmer: Er kann noch nicht einmal da langfahren, wo er fahren will, weil fast jede Straße eine Einbahnstraße ist und Abbiegen stets nur in eine Richtung erlaubt ist. Wenn man ortsunkundig ist, hat man sein privates Armageddon gefunden. Nirgendwo Hinweisschilder, nicht einmal die Namen der Straßen kann man eruieren. Und man kann auch keine Verschnaufpause einlegen, denn Parkplätze gibt es sowieso nirgendwo.

Kölner und Kölnerinnen müssen ihre Augen ständig überall haben.

Frauen sind da von Natur aus im Vorteil, und die Männer in Köln kamen nicht umhin, sich schnell anzupassen, das war eine Frage des Überlebens. Männer sind allerdings nicht in der Lage, mehrere Dinge gleichzeitig zu tun, deshalb bauen sie laufend Unfälle. Zumindest im Stadtverkehr sind Frauen also die besseren Fahrer. In anderen sensorischen Belangen sind die Kölnerinnen den Kölnern kaum überlegen, weil diese einfach irrelevant sind.

Die Fähigkeit der Frauen, Emotionen und Absichten zu erkennen, ist in Köln wie gesagt überflüssig, deshalb ist diese Fähigkeit verkümmert. Die Kölner kennen im Wesentlichen nur zwei Emotionen: Freud und Leid. Entweder ist der Kölner überglücklich, wofür es meistens noch nicht einmal einen Grund braucht, oder er ist am Boden zerstört. Und das kann man ihm dann auch mit Leichtigkeit ansehen, dafür braucht es keinen sechsten Sinn. Der Kölner wird glücklich strahlen und dabei eine Kölsch-Stange in der Hand halten, oder er wird schluchzen und wehklagen. Und dabei eine Kölsch-Stange in der Hand halten.

Hören können Frauen ebenfalls besser. Deshalb wollen Frauen beim Sex gerne Musik haben, schließlich ist der Mann währenddessen nicht eben zu weitschweifiger Konversation aufgelegt. Kölnerinnen können freilich noch besser hören als normale Frauen. Das liegt daran, dass in dieser Stadt ein sehr hoher Geräuschpegel herrscht. Eigentlich müsste Köln gar nicht so laut sein, schließlich ist es keine richtige Großstadt. Manche Leute meinen allerdings, die Kölner halten Lärm für ein untrügliches Zeichen dafür, dass man sich in einer Metropole befindet. Deshalb wird viel Krach gemacht, um zu vergessen, dass Köln nur zwei Stufen von einem afghanischen Bergdorf entfernt ist.

In den Kneipen wird die Musik stets bis kurz vorm Boxen-Versagen aufgedreht, um coole Atmosphäre zu simulieren. Vom Verkehrslärm gar nicht erst zu reden. Und in diesem ständigen Krach muss die Frau das tun, was sie von Natur aus immer tut: zuhören. Häufig hört sie mehreren Leuten gleichzeitig zu, achtet dabei auch noch auf Veränderungen in der Lautstärke und im Tonfall. Und das, während um sie herum Autos hupen und kölsche Bands von einer »Superjeilenzick« (»Angenehme Epoche geselligen Beisammenseins«) grölen.

Männer sind ja schon zufrieden damit, wenn sie ein paar Signalwörter mitbekommen. Sie sind gegen Lärm relativ unempfindlich, was erklärt, warum sie sich in Köln so wohl fühlen. Auch Kölnerinnen lieben ihre Stadt, aber wir glauben, ein bisschen mehr Ruhe wüssten sie zu schätzen. Die Herren Kölner jedenfalls haben die hohe Kunst des Nicht-Zuhörens derart perfektioniert, dass man sie eigentlich allesamt in geschlossene HNO-Kliniken einweisen sollte. Der Kölner benimmt sich, als befände er sich dreißig Meter unter Wasser, man kann sich mit ihm eigentlich nur per Zeichensprache verständigen. Das Thema wird später noch ausführlichst erörtert werden, wenn es darum geht, das Kommunikationsverhalten der Kölner zu erläutern. Fürs Erste soll gelten:

Das Gehör der Kölnerinnen ist übertrainiert, das der Kölner kaum vorhanden.

Wie könnte es anders sein: Auch der Tastsinn der Frauen ist stärker entwickelt als der der Männer, die weibliche Haut ist dünner und zehnmal so druckempfindlich wie die männliche. Dafür bekommen die Frauen auch mehr Falten.

Nun gilt der Kölner bei manch böswilligem Zeitgenossen als ausgesprochen »dickfellig«. Er hat um sich einen kölschen Schutzpanzer gebaut, durch den nicht einmal Hohlspitzgeschosse dringen. Zudem betäubt er sich noch mit Alkohol, und die Tatsache, dass er achtzig Prozent seiner Freizeit in seinem Auto verbringt auf der Suche nach einem Parkplatz, hat ebenfalls zu seinem Panzer beigetragen.

Der Kölner ist ein Rhinozeros.

Seinen Tastsinn hat er eingemottet, er braucht ihn nicht. Denn seine Dickfelligkeit führt auch zu einer hohen Schmerzschwelle und der Fähigkeit, so ziemlich alles zu ertragen, was ihm passiert. Das ist ihm eine große Hilfe in einer Zeit, in der die Stadt Köln mehr und mehr an Bedeutung verliert und sich immer häufiger vor der Republik bis auf die Knochen blamiert, sei es nun politisch, sportlich, wirtschaftlich, kulturell oder intellektuell.

Die Kölner merken das gar nicht. Die halten den FC immer noch für einen bedeutenden Fußballverein, auch wenn er dreimal in zehn Jahren absteigt. Sie werden nicht ruhen und nicht rasten, bis sie es geschafft haben, dass dem Kölner Dom der Status als Weltkulturerbe wieder aberkannt wird, indem sie ihn mit sinnfreien Wolkenkratzern zubauen. Und Klüngel-Affären bestärken den Kölner noch in seiner stolzen Auffassung, in einer ganz besonderen Stadt zu leben, die eben nicht so kontrolliert und berechenbar ist wie andere preußische Siedlungen mit »Gesetzen« und »Vorschriften« und »simpelsten Regeln des Anstands«.

Frauen trinken seltener Kölsch als Männer. Das liegt natürlich daran, dass ihr Geschmacks- und Geruchssinn stärker ausgebildet ist. Deshalb greifen sie zu Kaffee, Wein oder Absinth, je nach Lust und Laune. Kölsch ist ein Männergetränk, denn Geschmack ist Kölner Männern egal, es geht ihnen nur um die Gemütlichkeit. Sie stören sich auch nicht am Geruch eines Betrunkenen, der Alkohol aus allen Poren schwitzt. Trotzdem kann man sagen, dass es mit dem Geruchssinn der Kölnerinnen auch nicht so weit her sein kann, denn wie sonst halten sie es überhaupt in dieser Stadt aus?

Schon im Mittelalter galt Köln als eine der drei dreckigsten Städte der Welt, zusammen mit Konstantinopel und Kalkutta. Die Menschen warfen ihren Müll überall auf die Straßen, niemand räumte ihn weg, und sie entleerten sich in der Öffentlichkeit. Das »Kölnisch Wasser« wurde von einem Italiener erfunden, der sich ein darin getränktes Tuch stets vor die Nase hielt, um von dem Gestank nicht ohnmächtig zu werden.

Auch die Franzosen benutzten diesen Lebensretter, als sie die Stadt besetzten und flugs eine Müllabfuhr und hygienische Maßnahmen einführten. Eine Einmischung in ihren Lebensstil, die die Kölner den Franzosen bis heute nachtragen. Deshalb mögen es die Kölner auch heute noch, in der Öffentlichkeit zu urinieren. Woanders ärgern sich Frauen nur, dass Männer die Klobrille nicht runterklappen, in Köln können sie froh sein, wenn die Männer die Klobrille vorher *aufklappen*. Und vernünftig treffen können sie auch nicht, denn sie sind vom Freilichtpinkeln gewohnt, großzügig in die Rabatten zu strullen. Diese Pisser - wie soll man sie sonst nennen - haben sicher schon mehr Frauen zum Lesbentum bekehrt als Samantha Fox und sämtliche Krimiserien mit Ulrike Folkerts. Ja, Köln stinkt, und die einzige Chance für Frauen, dies auszuhalten, lag darin, ihren Geruchssinn rückzuentwickeln.

Kölnerinnen haben keinen besseren Geruchssinn als Männer - damit sie nicht ohnmächtig werden.

Die Unterschiede bei den Sinneswahrnehmungen, wie sie normalerweise zwischen den Geschlechtern bestehen, relativieren sich also in Köln. Das führt natürlich zu einem besseren Verhältnis zwischen den Geschlechtern und zu einem versöhnlicheren Umgang. Das dürfte der Hauptgrund sein, warum die Emanzipation in Köln immer noch keinen Einzug gehalten hat. Sicher, das feministische Satiremagazin »Emma« und seine Rausschmeißerin Frau Schwarzer sind hier zu Hause, aber warum, kann sich niemand erklären.

Oberbürgermeister Schramma überreichte Schwarzer im Karneval 2002 einen Orden, nachdem er die bundesweit beachtete Kölner Frauenbeauftragte wegversetzt und eine Nachfolgerin installiert hatte, die der folgenden Meinung war: »Das Thema Frauenförderung haben wir ideologisch hinter uns.« Frau Schwarzer kam sich anscheinend überhaupt nicht blöd dabei vor, diesen Orden anzunehmen und dabei von »Kölner Selbstironie« und »Souveränität« zu faseln, wobei sie sich auch noch zu der Aussage verstieg, »im Grunde ihres Herzens immer ein Jeck« gewesen zu sein. Offenbar ist auch die große alte Dame des Feminismus nicht imstande, sich der kölnischen Konfliktunfähigkeit zu entziehen. Diese ultrakölsche Eigenschaft wird später noch ausführlichst behandelt.

Als einer der gravierendsten Unterschiede zwischen Mann und Frau wird gerne das räumliche Vorstellungsvermögen herangezogen. Kurz gesagt: Männer haben's, Frauen nicht. Deswegen gibt's so wenig weibliche Raumschiffkapitäne. Diese Fähigkeit bezieht sich im Wesentlichen auf das Talent, Karten zu lesen, sich zu orientieren und Entfernungen abzuschätzen. Neunzig Prozent der Frauen haben damit Schwierigkeiten. Sie verfahren sich, wenn sie Karten lesen sollen, sie können nicht gut einparken, und wenn sie mit Tellern schmeißen, treffen sie dich höchstens aus Zufall.

In Köln spielen diese Unterschiede kaum eine Rolle. Zunächst mal: Weder Kölner noch Kölnerinnen benutzen Straßenkarten. Eine aberwitzige Vorstellung, denn schließlich kennt jeder Kölner sein Dorf aus- und inwendig, zumindest den kleinen Bereich, in dem er sich bewegt. Linksrheiner finden sich rechtsrheinisch nicht zurecht, was sie dadurch kompensieren, dass sie niemals dorthin gehen. Es gibt Ur-Kölner, die seit Jahrzehnten hier leben und noch nie in Dellbrück oder Porz waren. Wozu auch? Die Stadt wurde und wird grundsätzlich so konzipiert, dass alles, was auch nur entfernt von Interesse sein könnte, in die linksrheinische Innenstadt gepflanzt wird. Erst seit ein paar Jahren kommen auch einige Institutionen wie die Kölnarena, das Technische Rathaus oder das neue Polizeipräsidium ins Rechtsrheinische, aber auch nur, weil nach Jahrzehnten der einseitigen Bevorzugung der linken Seite in der dortigen City beim allerbesten Willen kein Platz mehr ist. Deshalb mussten die Kölner auch nie lernen, Karten zu lesen, denn sie hatten stets alles quasi vor der Haustür. Also, ob Kölnerinnen das schlechter können als Kölner, wird nie jemand ermitteln können. Denn natürlich verlassen die Einwohner die Stadt auch niemals, um ihr Kartenlesetalent in anderen Gegenden zu testen.

Mit dem Einparken ist es ähnlich. Es mag sein, dass die Kölnerinnen unfähig sind, ihren Wagen vernünftig in die Parklücke zu setzen. Allerdings gilt für männliche Kölner genau dasselbe, denn wenn man vom Parken in Köln spricht, muss man als Erstes die Frage stellen: »Ja, wo denn auch?« Zumindest in Altstadt und Neustadt, wo die Kölner am liebsten wohnen, ist die Entdeckung eines freien Parkplatzes, womöglich noch ohne Parkautomat, gleichzusetzen mit der Entdeckung des Penicillin. Ein Bekannter von uns hat sogar ein Buch darüber geschrieben mit dem Titel »Wie ich einen Parkplatz in Köln fand«, aber er fand keinen Verleger – es wollte ihm einfach keiner glauben.

Kölnerinnen parken nicht schlechter ein als Kölner. Sie parken überhaupt nicht.

Sicher, irgendwann wird die Kölnerin einen Platz gefunden haben, mehr so außerhalb der City, und ihren Wagen dort abstellen. Schließlich haben sie alle Autos, das Auto ist für alle Kölner, ob nun männlich, weiblich oder irgendwas dazwischen, dasselbe wie für einen Gelähmten der Rollstuhl. Es ist unverzichtbar, und die Kölner können sich überhaupt nicht vorstellen, sich anders fortzubewegen. Sie müssen fahren, und sie müssen parken. Aber man sollte gar nicht erst versuchen, hier Vergleiche zwischen Männern und Frauen anzustellen. Der einzige Unterschied, der uns bislang aufgefallen ist, liegt nicht in der Befähigung, sondern im sozialen Verhalten.

In der Innenstadt, besonders im südlichen Bereich, ist es seit langem Usus, in zweiter Reihe zu parken. Wer die Unvorsichtigkeit besaß, sich auf einen regulären Parkplatz zu stellen, kann dann eben nicht mehr raus. Allerdings können Sie auf eines Gift nehmen: Die Wagen, die in der zweiten Reihe parken, haben einen männlichen Fahrer. Frauen tun so was einfach nicht. Wenn Frauen einen Verkehrskollaps erzeugen, dann nicht aus Rücksichtslosigkeit, sondern weil sie mal wieder ein bisschen dusselig waren.

Der Autor dieser Zeilen hat mal was Lustiges erlebt. Er wollte mit der Bahnlinie 9 zur Universität fahren. Er stieg am Zülpicher Platz ein, die Bahn fuhr los – und blieb dann mitten auf der Kreuzung stehen. Eine ganze Weile. Nachdem nun sämtliche Straßen und Bahnlinien blockiert waren und die Passagiere die Bahn verlassen durften, konnte Chaosforschung betrieben werden. Es handelte sich um etwa drei Zentimeter. So viel ragte nämlich ein Wagen, der am Straßenrand gegenüber der Kirche parkte, in den Lauf der Straßenbahn hinein. Die Karre war so schräg geparkt, dass die Bahn nicht an ihr vorbeikonnte. Halter des Wagens war in der Tat eine Frau.

Jetzt denken Sie vielleicht: »Na also! Da sieht man's mal wieder! Weibsvolk kann nicht einparken!« Wir sind aber nicht bereit, aus einem einzigen Vorfall gleich auf ein ganzes Geschlecht zu schließen. Das widerspricht unserer Einstellung gegenüber der holden Weiblichkeit, die von Respekt und Fairness gekennzeichnet ist (die Einstellung). Wahrscheinlich war die dämliche Torte bloß zu eitel, um ihre Brille aufzusetzen, so sind ja die scheiß Weiber.

Im Gegensatz dazu ist das räumliche Vorstellungsvermögen der Männer deutlich besser. Männer sind Beutejäger. Dafür brauchen sie eine gute Orientierung, sonst würden sie sich viel zu oft selbst in den Kopf schießen. Männer können räumliche Tiefe besser wahrnehmen; Frauen, die das auch können, werden sofort professionelle Tennisspielerinnen, die freilich gegen Männer immer verlieren. Und hoffentlich kommen Frauen nie auf die Idee, es mit Skispringen zu versuchen. Die würden ja sonst wo landen. Oder unterwegs eine Taube nach dem Weg fragen.

Das wiederum machen Männer ja nicht: nach dem Weg fragen. Und Kölner schon mal gleich sowieso nicht. Wir haben es vorhin schon angesprochen: Niemals würde ein Kölner zugeben, dass er nicht weiß, wo es langgeht in seiner Heimatstadt. So jemand kann sich nicht als echter Kölner bezeichnen. Auch Imi-Männer verzichten darauf, denn dieser höhnische, mitleidige Blick, den Kölner Ortsunkundigen entgegenbringen, ist nichts für empfindsame Gemüter. Dieser Blick, der sagt: »Ich bin hier der Herrenmensch, und du bist eine unterentwickelte Spezies, die sich glücklich schätzen kann, überhaupt kölnischen Boden betreten zu dürfen.« Manchmal sagt das nicht nur der Blick, sondern der Kölner sagt es wörtlich.

Das halten wir für den Hauptgrund für die massiven Verkehrsprobleme in der City. Der Verkehr könnte fließen wie ein Gebirgsbach, aber die ortsfremden Fahrer müssen jede Strecke dreimal fahren, weil sie keine Schilder finden und sich auch nicht der geballten kölschen Arroganz aussetzen wollen. Diese ist aber auch der Grund für das bereits erwähnte Phänomen, warum es in Köln eben kaum Hinweisschilder oder Straßennamensschilder gibt. Die Kölner kommen auch so zurecht, und die Probleme von Nicht-Kölnern interessieren sie einfach nicht. Für das räumliche Sehvermögen gilt schlussendlich dasselbe wie für das Sehvermögen als solches: Es ist bei Kölnern und Kölnerinnen gleichermaßen stark ausgeprägt, weil es in Köln einfach überlebensnotwendig ist.

Kölner und Kölnerinnen haben beide ein starkes räumliches Vorstellungsvermögen.

So viel zum Thema Sinneswahrnehmungen. In mancher Hinsicht sind Kölner und Kölnerinnen fast gleich, in anderer wiederum fast nicht mehr derselben Art zuzuordnen. Sie werden im nächsten Abschnitt feststellen, dass dies bei der Frage der Gehirnfunktionen ganz ähnlich aussieht.

Wie viele gebildete Menschen gibt es auf der Welt? Mir fallen siebzehn oder achtzehn ein.

STEPHEN FRY

wie kölner denken

Mädchengehirne reagieren auf Gesichter, Jungengehirne auf Formen. Das ist ziemlich unfair, finden Sie nicht? Die armen, unschuldigen Männer, die sind *gezwungen*, Frauen auf die Brüste zu starren, und müssen sich hinterher dafür schämen. Frauen starren ihnen dagegen ins Gesicht, um sich aufzugeilen, und bilden sich dabei noch ein, weniger oberflächlich und triebgesteuert zu sein. Wenn Ihnen, meine Herren, das nächste Mal eine Frau so schamlos direkt ins Gesicht sieht, weisen Sie sie zurecht oder knallen Sie ihr eine. Die Frauen sollen sich das abgewöhnen, wir Männer sind mehr als nur ein Paar Augen!

Okay, das war jetzt mal ein kleiner Schlenker ins Komödiantische. Zurück zum Ernst der Lage. Einer der wesentlichen Unterschiede zwischen Ihm und Ihr besteht darin, dass Frauen sich für Menschen interessieren und Männer für Gegenstände. Deshalb behandeln Männer Frauen auch manchmal wie Gegenstände, das ist gar nicht böse gemeint, sondern fast wie eine Aufwertung. Frauen dagegen behandeln gern Gegenstände, zum Beispiel Schuhe oder andere Kleidungsstücke, wie Menschen. Was ist jetzt perverser?

Frauen glauben also an Menschen und an Teamarbeit. Für die Kölnerin gilt das auf jeden Fall auch. Schließlich ist geteilte Arbeit halbe Arbeit, und das mag man hier in Köln, wenn man weniger arbeiten muss. Ob die Arbeit gut oder erfolgreich ist, interessiert zunächst einmal nicht, das sieht man dann schon irgendwann. Was nun wiederum Männer angeht, die wollen Macht und Status, und deshalb machen sie aus allem einen Wettbewerb. Wenn man sich unter diesem Aspekt mal die kölsche Mannheit ansieht, stellt man eine interessante Schizophrenie fest:

Kölner konkurrieren nicht untereinander, aber sonst mit jedem.

Macht und Status sind Dinge, die in Köln anderen Kriterien unterliegen. Was heißt schon Macht? Macht über wen oder was? Die Kölner machen sowieso ihr eigenes Ding und lassen sich nicht reinreden. Das sieht man an vielen Beispielen. Die Stadtverwaltung interessiert sich niemals für das, was der Stadtrat beschließt. Sie ignoriert es einfach, sagt, das sei nicht zu bezahlen oder nicht sinnvoll oder mache keinen Spaß, und schon ist das Thema erledigt.

Für Regeln und Gesetze interessiert sich der Kölner überhaupt nicht, also kann man gar keine Macht über ihn ausüben. Über Status lachen die Kölner doch nur. Der Karnevalsprinz hat mehr Status als jeder Politiker oder Wirtschaftsboss in Köln, und auch der ist nur ein paar Monate im Amt. Grundsätzlich sagt sich der Kölner: Mir kann keiner was, und ich will auch keinem was. Ihr anderen könnt Karriere machen, ich geh lieber einen trinken.

In Köln also herrscht kein Konkurrenzdenken. Deshalb wurde ja überhaupt nur der kölsche Klüngel erfunden – damit jeder mal darf. Öffentliche Aufträge wurden hier noch nie nach Qualität vergeben, sondern nach Bereitschaft, einem Beamten einen neuen Ford Mondeo vor die Haustür zu stellen. Bei den so genannten »Unternehmerfrühstücken« saßen ständig alle Unternehmer mit den zuständigen Beamten der Verwaltung zusammen und schusterten sich gegenseitig die Aufträge zu. Jeder sollte verdienen, zumindest jeder, der zu dem Kartell gehörte. Wer der Meinung war, Bestechung wäre unmoralisch oder illegal, ging Pleite. Die für Frauen so typische »Teamarbeit« gilt in Köln also auch für Männer. Wichtig ist dabei lediglich, sich an die Spielregeln zu halten und sich sozusagen echt kölsch zu verhalten, dann konnte und kann einem in dieser Stadt nichts passieren.

Innerhalb von Köln denken Männer weiblich.

Sobald jedoch jemand von außen reinkommt und etwas von Bestimmungen und Regeln von sich gibt, beginnt der Ärger. Und hier schlägt das kölsche Gemüt ins diametrale Gegenteil um: Konkurrenz von außen wird bis aufs Messer bekämpft. Auf wirtschaftlicher Ebene natürlich auch durch den Klüngel, der nur regionale Betriebe und Firmen berücksichtigt. Auf anderen Ebenen versuchen die Kölner reflexhaft, ihre eigene Vorstellungswelt auf den Rest der Welt zu übertragen. Was nicht immer gelingt. Sogar ziemlich selten. Äußerst selten. Also, um es auf den Punkt zu bringen: Es klappt nie. Gegen Konkurrenz von außen verliert Köln mit unschöner Regelmäßigkeit. Es gibt böse Menschen, die sogar behaupten, dass Köln die Niederlage geradezu sucht: »Die Stadt bettelt um Schläge.«

Aber das ist nicht wahr, Köln wird nur immer ständig betrogen und verraten! Das beste Beispiel war die Idee, dass sich Köln für die Austragung der Olympischen Spiele 2012 bewerben sollte. In NRW bewarben sich zwar auch Ruhrgebiet und Düsseldorf, aber das war ja wohl klar, dass Köln als zweitausend Jahre alte Domstadt, die international beinahe fast ein bisschen bekannt ist, mit diesen beiden »Konkurrenten« Schlitten fahren würde. Das Ruhrgebiet führte alberne Argumente ins Feld wie »zehnmal bessere sportliche Infrastruktur« und »deutlich höhere Sportbegeisterung der Einwohner«. Na gut, mochte ja was dran sein. Im Pott gibt es ein tolles Stadion neben dem anderen, große Hallen, und dazu ist so gut wie jeder Einwohner in einem Turnverein – in Köln ist Sport wie erwähnt etwas, wobei man zusieht und ein Kölsch zischt.

Kölnfeinde sponnen damals schon rum, dem IOC sei der Bekanntheitsgrad der Bewerberstadt vollkommen egal, immerhin sei Berlin noch bekannter als Köln und wurde seinerzeit bei seiner Bewerbung von praktisch allen anderen Bewerbern geschlagen. Diese seelenlosen Logikfetischisten fühlten sich auch noch bestätigt, als Düsseldorf dann in der deutschen Endausscheidung unterlag, denn erstens wurde mit Leipzig eine international im Vergleich zu Düsseldorf noch unbekanntere Stadt erwählt, und zweitens war mit Hamburg eine Stadt unterlegen, die noch bekannter war als Köln.

Trotzdem blieben die Kölner bei ihrer einsamen Meinung, im Grunde unangreifbar zu sein und sich mit Konkurrenz gar nicht befassen zu müssen. Kurz darauf verlor man die Popkomm an Berlin, und der Weggang des Senders RTL, des größten Gewerbesteuerzahlers der Stadt, in Richtung Hürth wurde nur mit einem an Wahnsinn und Ungesetzlichkeit grenzenden Notprogramm verhindert. Sie jedoch können mit der beruhigenden Gewissheit schlafen gehen, dass Köln schon die nächste Blamage vorbereitet, ohne daran zu denken, dass Erfolg etwas mit Leistung zu tun haben könnte.

Köln muss ständig gewinnen und die Konkurrenz schlagen. Wir glauben, diese sehr männliche Einstellung ist problemlos auch auf die Kölnerin übertragbar. Das Karnevalsmotto von 2001 lautete »Kölle kann sich mit allen messe(n)«, was nicht nur eine hemmungslose Schleichwerbung für den Kölner Messebetrieb war (wie in anderen Sessionen dann auch für das Hänneschen-Theater oder den Express), sondern auch die Quintessenz des eben beschriebenen Konkurrenzdenkens. Das Mottolied wurde mit Inbrunst von einer Frau gesungen, und man konnte ihr ansehen, dass sie mit voller Überzeugung dabei war, so wie die weiblichen Zuhörer auch.

Außerhalb von Köln denken Frauen männlich.

Untereinander sind die Kölnerinnen dann nicht so. Ihr Mangel an Eifersucht (dazu später mehr) lässt sie in anderen Frauen keine Konkurrenz entdecken, höchstens bei der Frage, wer an Wieverfastelovend das schönste Kostüm trägt. Allerdings führt diese Einstellung auch dazu, dass die patriarchalische Überzeugung der Kölner Männer noch gefördert wird. Kölnerinnen treten nicht in Konkurrenz und wissen deshalb einfach nicht, wie sie beruflich aufsteigen können.

Das Ergebnis: Die Jungfrau im Dreigestirn ist immer noch ein Mann, und die Kölner wählen lieber einen begriffsstutzigen Hilfskomiker zum OB als eine politisch erfahrene Frau. Uns ist nicht bekannt, dass in Köln jemals eine wichtige Funktion von einer Frau bekleidet gewesen wäre. Vielleicht mal abgesehen von der Chefin der »Stunksitzung«.

Bei normalen Männern führt die Fixierung auf Macht und Status zu einer Überbewertung der Bedeutung von Arbeit. Letztere ist für sie das Wichtigste, persönliche Beziehungen müssen da warten. Nun haben wir vielleicht schon einmal angedeutet, dass der Kölner in punkto Arbeit einfach etwas anders gestrickt ist. So gesehen sind die Kölner Männer auch in dieser Hinsicht etwas weiblich, genau wie beim Konkurrenzdenken.

Die Kölnerinnen sind aber nicht im Umkehrschluss männlich, weil sie vielleicht gerne arbeiten. Nein, wie normale Frauen auch legen die Kölnerinnen viel Wert auf Beziehungen. Wer viele Freunde hat, führt ein gutes Leben, so das weibliche Motto, und es gilt auch für die Kölnerinnen - und die Kölner Männer. Sie merken, worauf wir hinauswollen:

Kölner Männer sind deutlich weiblich veranlagt.

Auch Kölner legen mehr Wert auf Freundschaft denn auf ihre Arbeit. »Echte Freunde haben zusammen einen stehen« oder so ähnlich heißt ein beliebtes Kölner Volkslied auf Hochdeutsch. Das ist beileibe keine Kritik, im Gegenteil, wir denken, da kann man von den Kölnern lernen. Vergessen sollte man dabei allerdings nicht, dass es die schwer arbeitenden Imis sind, die den Kölnern diesen Lebensstil erst ermöglichen. Zum Ausgleich bekommen die Imis alle guten Frauen, denn auch die Kölnerinnen fühlen sich durch Männer mit Macht und Geld durchaus angesprochen, auch wenn sie selber damit nichts am Hut haben.

Was für Freundschaft gilt, gilt selbstverständlich auch für Beziehungen. Der Kölner ist ein guter Partner, denn für ihn gibt es zwar auch

Wichtigeres als die Beziehung, aber es ist zumindest nicht die Arbeit, sondern halt der übliche Kölsch-Krempel wie Kneipe, Fußball und Stimmung. Aber er schätzt die Partnerin als den beruhigenden Pol in seinem Leben und nimmt sich Zeit für sie. Das ist für die Frauen ein bisschen befremdend, und manche Imi-Frau, die sich mit einem Kölner einlässt, fragt sich anfangs, ob der Typ sie verarschen will. Warum nervt er sie nicht mit seinem Job? Warum kann man Tag und Nacht mit ihm reden? Nun, wie wir später erklären werden, kann man das gar nicht, das ist lediglich eine perfekte Illusion. Dennoch schätzen Frauen die stark ausgeprägte weibliche Seite des Kölners.

Eine gewisse Zeit lang.

Irgendwann haben vor allem Imi-Frauen auch mal genug. Es reicht ja wohl, wenn einer von beiden ständig von seinen Gefühlen spricht. Denn Frauen wollen eigentlich gar keine Softies. Auch Michael Moore rät den Männern inzwischen: »Hören Sie auf mit dem ›Was-bin-ich-doch-für-ein-gefühlvoller-Mann-Getue‹. Den Dreh kennen die schon lang. Versuchen Sie niemanden davon zu überzeugen, dass Sie ein ›Feminist‹ sind. Dafür sind Sie nicht qualifiziert: Sie spielen für das andere Team.«

Frauen wollen keine männlichen Feministen oder überhaupt Männer, die so sind wie sie. Das ist ja auch total abartig, das passt nicht. Frauen reden gerne mit anderen Frauen, aber sie reden auf Dauer nicht so gerne mit Männern. Viele beklagen sich immer, dass Männer bei emotionalen Dingen so verschlossen sind. Aber die Frauen in Köln wissen, dass das im Grunde ein Segen ist, denn die normalen Männer hören ihnen dann wenigstens bei ihren Problemen zu. Kölner reden gerne über Gefühle – über die eigenen. Das kann eine Frau ziemlich schnell in die Arme eines schweigsamen Arbeitstiers treiben, bei dem sie sich dann mal ausquatschen kann. Mehr über das Kommunikationsverhalten der Kölner später.

Kölner sind noch in anderer Hinsicht ziemlich unmännlich: Sie kennen keine Versagensängste. Diese sind ja nur Ausdruck der Befürchtung, irgendetwas nicht hinzukriegen. Die Kölner gehen dem durch zweierlei aus dem Weg: Erstens nehmen sie sich selten etwas

Wichtiges vor, und zweitens kommt ihnen gar nicht die Idee, dass etwas nicht klappen könnte. Als die Popkomm wie schon erwähnt vom Rhein an die Spree wechselte, zeigte sich die Landesregierung NRW kaum überrascht, während die Kölner Stadtspitze aus allen Wolken fiel, um dann umgehend die Schuld beim Land, beim Bund, beim Länderfinanzausgleich und beim Heiligen Hieronymus zu suchen, nur nicht bei sich selbst.

Männer hassen es sowieso, Fehler zuzugeben, der Kölner jedoch schafft es nicht einmal, sie sich selbst einzugestehen. Das ist ein natürlicher Selbstschutz-Mechanismus, der den Kölner seit vielen Jahrhunderten davor bewahrt, die Realität zu erkennen. Und dieser Mechanismus wirkt auch bei Frauen. Kölner und Kölnerinnen befinden sich in einem permanenten Stadium der Selbsthypnose, in einer künstlich erschaffenen Traumwelt. Den Film »Matrix« hätte man sehr gut auch in Köln drehen können, das wäre deutlich billiger gewesen.

Kölner kennen keine Versagensängste.

In einer Hinsicht jedoch sind Kölnerinnen sehr männlich, wenn auch nicht aus natürlichen Ursachen, sondern aufgrund von Sachzwängen. Abgesehen vom Sex brauchen Männer ja immer einen guten Grund, um etwas zu tun, sie tun es nicht nur einfach so. Frauen dagegen reden stundenlang, ohne eine einzige Information zu übermitteln. Sie gehen spazieren und wollen, dass man sie begleitet, ohne dass sie ein Ziel haben. Und sie gehen einkaufen, obwohl sie gar nichts brauchen. Stundenlang streifen sie durch Kaufhäuser, Boutiquen und Trödelläden auf der Suche nach sinnlosem Mumpitz. Die gesamte Weltkonjunktur würde auf der Stelle kollabieren, sollten Frauen damit jemals aufhören.

Die Kölnerinnen jedoch machen das jetzt schon nicht – möglicherweise eine der Hauptursachen für die besonders schwache Wirtschaftslage der Stadt. Sie hassen es, shoppen zu gehen, genau wie die Männer. Letztere kriegen ja schon nach einer halben Stunde Einkaufsbummel mit der Partnerin psychotische Schübe, und auch der gemütlichste Kölner würde durchdrehen, wenn seine Frau ihn zum zehnten Mal fragt, was er von dieser Bluse halte, und seine Meinung zum zehnten Mal ignoriert. Aber das geschieht nicht, denn Kölnerinnen gehen nicht annähernd so oft shoppen wie andere Frauen, und wenn doch, dann nicht mit dem Partner. Und das hat einen einfachen Grund: Es ist schon Tortur genug, allein in der Kölner City einkaufen zu gehen, aber zu zweit ist es ein Scheidungsgrund.

Frauen finden Einkaufen normalerweise erfrischend und entspannend, aber diese Emotionen können in Schildergasse und Hohe Straße nicht entstehen. Diese Einkaufszone ist eine Art Shopping-Vietnam. Das ganze Kaufvolumen von Köln und Umgebung wird auf diesen kleinen Flecken Erde konzentriert, andere Einkaufsbereiche in der Stadt haben lediglich Alibi-Funktion, die höchstens den Tagesbedarf an Lebensmitteln und Telefonkarten abdecken. Und so herrscht den ganzen Tag in der City ein Gedränge und Geschiebe, als würde eine Million Menschen versuchen, das letzte Schiff nach Amerika zu besteigen. Es gibt praktisch nirgendwo eine Gelegenheit, sich auszuruhen, jeder Sitzplatz ist kostenpflichtig, jeder Quadratzentimeter eine Cash-Maschine. Und das ist der Grund, warum Frauen in dieser Hinsicht dasselbe empfinden wie Männer.

Kölnerinnen hassen das Einkaufen.

Zum Abschluss dieses Kapitels möchten wir ein Thema ansprechen, das für viele eins der wichtigsten ist bei der Frage des Zusammenlebens von Männern und Frauen. Wissenschaftliche Untersuchungen und Experimente haben ergeben, dass Männer und Frauen etwa gleich häufig lügen. Sie unterscheiden sich lediglich darin, dass Frauen lügen, damit andere sich besser fühlen, und Männer lügen, um selbst besser dazustehen.

Was lächerlich ist. Der Autor dieser Zeilen weiß das aus eigener Erfahrung: Jedes Mal, wenn er mit seiner Yacht vor Mauritius ankert, seinen Waschbrettbauch vom Schwimmen trocken rubbelt und seine drei Gespielinnen ihm wieder mal wortreich dafür Tribut zollen, was für ein unwiderstehlicher Sex-Gott er doch sei, fällt ihm auf, dass er niemals lügt, um besser dazustehen, und Frauen ihn niemals anlügen, damit er sich besser fühlt. Er hat keins von beidem nötig, und so geht es sicher den meisten Selfmade-Millionären Ende zwanzig, nachdem sie den Literaturnobelpreis gewonnen und ein Mittel gegen jede Krankheit entdeckt haben.

Okay, schon gut. Das mit dem Nobelpreis war jetzt gelogen. Damit wollten wir nur mal demonstrieren, was Männer sich so gerne zusammenschwindeln, um Frauen zu beeindrucken zwecks anschließender Flachlegung. Jedoch darf man Folgendes verkünden:

Kölner lügen nicht, um Frauen rumzukriegen.

Das hätte nämlich überhaupt keinen Sinn. Kölnerinnen wissen, dass es so etwas wie erfolgreiche Kölner erstens schon mal sowieso nicht gibt, und wenn doch, sind es mittelständische Unternehmer, die ins Bordell statt auf Aufriss gehen, dafür haben die gar keine Zeit. Der durchschnittliche Kölner ist ein Arbeiter, und das auch nur, wenn er Glück hat. Wir werden uns hüten, über Arbeiter herzuziehen, schließlich waren wir auch mal welche. Allerdings haben wir irgendwann unseren eigenen Betrieb gemacht, sofort die ganze Branche in die Tasche gesteckt und dann den Laden für zweihundert Millionen Euro an einen internationalen Konzern verkauft. Wo waren wir gerade? Ach ja: Lügen.

Kölner lügen Frauen nicht an – weil sie es nicht *können*. Sie wissen gar nicht, wie man das macht. Kölner können sich nicht anders darstellen, als sie sind, denn sie können sich gar nicht vorstellen, dass das nötig sein könnte. Der kölnische Mann empfindet sich als ein perfektes Lebewesen, als die Krone der Schöpfung. Warum also irgendetwas vorspielen? Er ist ein Kölner, das reicht ja wohl, wie soll man das noch steigern? Deshalb hat der Kölner nie lügen gelernt, und jedes Mal, wenn er es versucht, reitet er sich nur in die Scheiße.

Als die Staatsanwaltschaft vor ein paar Jahren damit anfing, die Stadtverwaltung durch die Mangel zu drehen auf der Suche nach Klünglern, wuchs die Zahl der Verdächtigen in rasender Geschwindigkeit. Die Leute konnten einfach nicht lügen, und jede Art von Sich-Winden und Ausreden-Suchen wurde sofort entlarvt. Es ist schon beinahe komisch, was man für Beschwichtigungen hört, wenn mal wieder ein Politiker bei irgendwas erwischt wurde. Nach dem SPD-Spendenskandal, an dem so gut wie alle namhaften Spezialdemokraten beteiligt waren, meinte der inzwischene Ex-Soze Heinz Lüttgen, das alles sei doch nur das »Fehlverhalten von Einzelnen« gewesen. Ja, aber auch wenn eine Fußballmannschaft kollektiv Scheiße zusammenspielt, ist das das Fehlverhalten von Einzelnen. Nämlich von *allen* Einzelnen.

Überhaupt, wenn Sie einen dieser alten Männer aus der kölschen Politik nach seiner Meinung über den Klüngel fragen, kriegen Sie die haarsträubendsten Ausreden zu hören, die diese sogar selber glauben. Überzeugende Lügen mussten und müssen Kölner sich nicht ausdenken, denn es herrschte stets die Voraussetzung, dass im Interesse aller Beteiligten grundsätzlich jede Lüge geglaubt wird, die angenehm ist. So ist der Kölner einfach völlig unfähig, andere zu belügen, er belügt lediglich sehr gut sich selbst. Darin ist er freilich der ungeschlagene Meister aller Klassen.

**Kölner belügen niemals andere,
sondern nur sich selbst.**

Köln könnte von einer Wasserstoffbombe getroffen werden, und die überlebenden Kölner würden immer noch behaupten, sie wollten nirgendwo anders leben als hier. Die Brauereibetriebe könnten öffentlich zugeben, dass sie Rattensperma ins Kölsch mischen, die Kölner würden nach wie vor behaupten, es sei das köstlichste Bier, das es gibt. Der 1. FC Köln könnte in die Oberliga absteigen, für die Fans wäre der Verein immer noch der eezte Club am Rhing, aufgrund der Tradition. Auch wenn die Gehwege überhaupt nicht mehr sichtbar sind vor lauter Müll und Hundekacke, wird der Kölner im Leben nicht auf die Idee kommen, dass die Stadt ein kleines Sauberkeitsproblem haben könnte. Und selbst wenn Ausländer von kölschen Rechtsradikalen durch die Innenstadt gejagt werden und nur von anderen Ausländern Hilfe bekommen, wird der Kölner immer noch unerschütterlich an der Vorstellung festhalten, dass Köln eine besonders tolerante und ausländerfreundliche Stadt ist.

Frauen aus Köln haben im Gegensatz zu anderen Frauen nicht die Angewohnheit, andere zu belügen, damit die sich besser fühlen. Fragen Sie eine Kölnerin bloß niemals hinterher »Wie war ich?«, das werden Sie möglicherweise bitter bereuen. Wir sprechen da natürlich nicht aus Erfahrung, wir haben das halt mal irgendwo gehört. Ja, genau …

Kölnerinnen lügen nicht, damit sich andere besser fühlen.

Kölnerinnen sind halt ehrliche Häute, wie der Bayer beziehungsweise der Kannibale sagt. Sie machen sich selber gerne was vor, unter anderem dass sie mit einer Betonfrisur aus den Filmen der fünfziger Jahre gut aussehen, aber sie machen anderen nichts vor und sagen ungeschminkt ihre Meinung. Das tun sie nicht, weil sie Streit suchen, im Gegenteil, den möchten sie auf diese Weise vermeiden. Da die Kölnerin ihre Meinung als die absolute Offenbarung menschlicher Weisheit ansieht, glaubt sie einfach, dass sie mit ihrer Direktheit anderen Gutes tut. So wie Jesus.

Leider wurden Kreuzigungen ja abgeschafft.

Und Kölner sind da genau so, hier haben wir also wieder etwas, was die Männer und Frauen in dieser Stadt eint statt trennt. Beide sind unfähig zu lügen. Frauen werden gerne als menschliche Lügendetektoren bezeichnet, aber hier muss die Kölnerin passen. Ihre Unerfahrenheit im Umgang mit Lügen macht sie blind gegenüber allen Unwahrheiten, die man ihr auftischt. Solange man ihr erzählt, was sie hören will, ist sie glücklich. Kölnerinnen sind daher ein leichtes Opfer für skrupellose männliche Imis, die sich in ihr Herz respektive Bett schleichen, indem sie ihnen erzählen, dass sie Selfmade-Millionäre sind und eine eigene Yacht haben. Es gibt solche Mistkerle, glauben Sie uns.

Brunzend steht der Mai-Bock
Im Wald und schaut betroffen
Das Reh will ihm nicht willig sein
Er ist ihm zu besoffen
FRITZ ECKENGA

kennenlernen op kölsch

Jetzt, da Sie mehr wissen über die Männer und Frauen von Köln, treibt Sie natürlich nur ein Gedanke um: Wo und wie kann man so was kennen lernen? Wie kann man sie dazu bringen, mit einem den Rest des Lebens zu verbringen, jede Nacht im selben Bett zu schlafen und die Blähungen des anderen tapfer zu ertragen, weil das nämlich romantisch ist?

In diesem Abschnitt wollen wir Ihnen ein paar der besten und schlechtesten Methoden aufzeigen. Wir haben unsere eigenen Erfahrungen, aber auch die von Menschen, die wir befragt haben, einfließen lassen, um Ihnen einen Überblick über das Paarungsverhalten und die Balzrituale in der größten Domstadt des Niederrheins zu verschaffen.

Der Kölner Mann ist ein lustiger Geselle, der geschätzte 134 Prozent seiner wachen Zeit in Kneipen verbringt. Da konnte es nicht ausbleiben, dass er sich seine eigene Methode ersann, mit deren Hilfe er Frauen den Brustwarzenhof macht.

Im Wesentlichen kennt der Kölner zwei Formen des Kennenlernens: direktes Begrapschen, wie er es beim Karneval gelernt hat, und eine seltsame Form des Anbaggerns, die hauptsächlich darin besteht, die Frau voll zu labern, bis sie sich ergibt. Damit rechnen zumindest Imi-Frauen ja nicht, dass ein Mann viel redet, das überrumpelt sie. Aus sportlichen Gründen versucht sie, mitzuhalten, und schon entsteht ein stundenlanges Gespräch, wobei sie irgendwann vergisst, dass sie mit dem Typ eigentlich gar nichts zu tun haben wollte. Diese Methode ist simpel, aber effektiv.

Im weiteren Verlauf ist der Kölner leider nicht so einfallsreich. Seine historisch belegten Mängel im Bereich der Kreativität - bekanntlich hat Köln noch nie irgendetwas von kultureller oder wissenschaftlicher Relevanz hervorgebracht, und wenn, dann durch Imis - hindert ihn daran, Liebesbriefe zu schreiben, romantische Abende zu planen, die außerhalb einer Kneipe stattfinden, oder die Anzubetende dezent zu verführen. Seine Unerfahrenheit mit karnevalsfreier Kultur lässt ihn Eloquenz und Charme mit vulgärer, lauter Zotigkeit verwechseln. Gemütlichkeit setzt er mit Romantik gleich, Schunkeln mit Tanzen, »De Höhner« mit Musik. Da er niemals Bücher liest - er kann gerade so mit Mühe und Not die Schlagzeilen vom Express entziffern - hat er kaum Gesprächsthemen, für die sich eine Frau interessiert, es sei denn, sie ist zufällig Fan des 1. FC Köln oder von Michael Schumacher.

Insgesamt verhält sich der Kölner gegenüber Frauen so, wie er sich auch gegenüber Männern verhält. Dass Frauen andere Interessen haben, merkt er nicht. Das liegt unter anderem daran, dass der Express es ihm nicht erklärt. Frauen sind für den Kölner Männer mit Brüsten, und so behandelt er sie auch beim Anbaggern. Er redet mit Frauen so, wie er selber angeredet werden will. Und um es auf eine ganz einfache Formel zu bringen:

Kölner flirten mit sich selbst.

Das macht es den Menschen in dieser Stadt nicht leicht, zueinander zu finden, und es gibt noch einen weiteren Problempunkt. Innerhalb von Köln wird der Rhein auch gerne als der »Eiserne Fluss« bezeichnet, und das nicht nur wegen dem hohen Anteil an Schwermetallen. Der Rhein dient den linksrheinischen Kölnern auch als Schutzwall gegen die rechtsrheinische Bedrohung.

Es kommt nur äußerst selten vor, dass ein Kölner, der im Linksrheinischen wohnt, die andere Seite betritt. Im Rechtsrheinischen gibt es nämlich keine Kneipen. Oh sicher, hier und da steht mal eine einsam und verlassen in der Gegend rum, aber das sind Wirtshäuser für das rechtschaffene, verheiratete Volk, nichts für von Paarungstrieben gesteuerte Singles. Es gibt keine Kneipen, und es gibt keine Cafés oder sonst welche Orte, an denen man zusammenkommen kann, um sich kennen zu lernen. Es gibt praktisch keine Kinos, wo man romantische Geschäfte tätigen kann, und kaum andere kulturelle Einrichtungen. Das Einzige, was Kölns Osten dem Westen voraus hat, ist die Landschaft. Ob es nun Waldspaziergänge im Königsforst sind oder ein Picknick im Rheinpark, in Sachen Natur ist der Osten vor dem zugebauten Westen führend, die albernen Grüngürtel dort taugen gerade noch so als Alibi-Grünflächen. Aber im Großen und Ganzen muss man sagen: Singles haben im Rechtsrheinischen keine Chance. Die Leute da sind alle verheiratet und haben mit ihrem Leben abgeschlossen.

**Singles wohnen linksrheinisch,
Ehepaare rechtsrheinisch.**

Aus dieser Beobachtung ergibt sich die weiterführende Frage: Gibt es einen Stadtteil, der besonders gut geeignet ist, um jemanden kennen zu lernen? Wir denken, die beste Plattform für dieses Unternehmen bietet das gute alte kölsche Veedel. Ein kleines Viertel mit Eckkneipen und Eiscafés, wo man nicht lange laufen oder suchen muss, um jemanden zu finden, der einem gefällt.

Leider muss man sagen, dass es solche Veedel kaum noch gibt. Relativ intakt sind noch das Severinsviertel, das Agnesviertel oder der Eigelstein, aber das ist wahrscheinlich auch bald vorbei. Gut verdienende Imis ziehen gerne dorthin, weil es was hermacht. Am Leben innerhalb der Veedel nehmen sie jedoch nicht teil, sie zieht es abends auf die Ringe. Die Kölner haben außerdem durch perverse Baumaßnahmen, die allesamt das Ziel hatten, so viele Autos wie möglich durch Köln zu jagen, die über Jahrhunderte gewachsenen Strukturen Kölns innerhalb weniger Jahre unwiederbringlich vernichtet. Was schade ist, denn die Veedel waren ein wesentlicher Baustein im Mosaik der kölschen Mentalität, auch im zwischenmenschlichen Bereich.

Es ist doch so: Wenn du jemanden kennen lernst, der in deiner Nähe wohnt, und ihr trennt euch wieder nach einiger Zeit, werdet ihr euch trotzdem dauernd begegnen. Darauf richtet man sich von Anfang an ein, und damit man noch ohne Angst vor peinlichen Momenten nach draußen gehen kann, bleibt man auch nach der Trennung befreundet, was der ganzen Beziehung von vornherein den Druck nimmt und dazu beiträgt, alles lockerer zu sehen. Man kann ja den Partner auch nicht betrügen, weil alle im Veedel sofort Bescheid wüssten.

Entscheiden Sie selbst, ob Sie das für einen Vor- oder Nachteil halten. Nun ja, es spielt eh keine Rolle, denn die alten Kölner Veedel sind tot und unter Asphalt begraben. Wenn Sie nach einer besonders guten Aufreiß-Gegend suchen, gehen Sie halt dahin, wo es viele Szene-Kneipen gibt, also auf die Ringe, in die Südstadt und ins Belgische Viertel.

Einer der besten Orte, jemanden in Köln kennen zu lernen, sind die Haltestellen der KVB. Wenn man nicht Auto fährt, verbringt man hier sowieso den größten Teil seiner Freizeit, da kann man auch gleich versuchen, mit jemandem anzubandeln. Die Haltestelle ist aus zwei Gründen die ideale Bagger-Location: Erstens kann das Opfer nicht weglaufen, denn es wartet ja auch auf die Bahn, und zweitens hat man von Anfang an etwas gemeinsam, nämlich grenzenlose Wut auf die KVB. Und wie wir alle wissen: Nichts schweißt die Menschen stärker zusammen als der gemeinsame Hass gegen eine Gruppe oder Institution, die einem das Leben zur Hölle macht. Bei neunzig Prozent aller Gelegenheiten, an denen der Autor dieser Zeilen dachte »Ich muss endlich aus dieser scheiß Stadt raus«, stand er an einer KVB-Station. Und konnte den Gesichtsausdrücken seiner Mitleidenden ansehen, dass sie genau denselben Gedanken hegten. Die meisten KVB-Kunden sind ja sowieso Imis, denn die Kölner halten es für ihre erste Bürgerpflicht, sogar den Weg zum Zigarettenautomaten mit dem Wagen zurückzulegen. Wenn Sie also einen Mann oder eine Frau erspähen, die ebenso wie Sie kurz vorm Ausrasten ist, weil die Bahn schon seit dreiundzwanzig Minuten überfällig ist, haben Sie gleich einen wunderbaren Einstieg ins Gespräch.

Sie können sich dann stundenlang – also bis Sie an Ihrem Ziel angekommen sind – in Phantasien über terroristische Anschläge auf Bahnangestellte und deren nächste Verwandte ergehen. So was verbindet, und wenn es keine Romanze wird, so haben Sie zumindest einen guten Freund gewonnen.

Wenn von Kneipen als ideales Beziehungs- oder Geschlechtsverkehrsanbahnungsinstitut (doch, das Wort gibt es, wir haben es gerade erfunden, sehen Sie?) die Rede ist, muss man wohl mal grundsätzlich ein paar gerade rückende Bemerkungen plumpsen lassen, bevor die Dinge völlig außer Kontrolle geraten. Eine Umfrage im Auftrag der Zeitschrift »Freundin« hat mal ergeben, dass jüngere Frauen am liebsten in der Kneipe flirten, 57 Prozent gaben das als bevorzugten Ort aus.

Nun, an Kneipen hat es keinen Mangel in Köln, zumindest in der Innenstadt. Jedoch können wir uns des Eindrucks nicht erwehren, dass das Prinzip des Kennenlernens in solchen Lokalen gewissen Einschränkungen unterliegt. Ad eins: Fast alle Gäste dort sind Paare. Ad zwei: Der Rest ist mit einer Gruppe von Freunden da. Ad vier: Wer heutzutage allein in eine Kneipe geht, gilt von vornherein als Verlierer, für den sich niemand interessiert. Oh sicher, man wird angesprochen, aber zumeist von irgendwelchen wohlmeinenden kölschen Nervensägewerken, die einen sofort in ein Gespräch ziehen, aus dem man sich nur mit dem Schleudersitz retten kann. In Kölner Kneipen zu flirten, ist leider nicht so einfach.

Die Umfrage der »Freundin« sprach auch von der Beliebtheit der öffentlichen Verkehrsmittel als Kennenlern-Ort, da wird also unsere Auffassung bestätigt. Fitness-Studios sind auch angesagt, aber das ist vielleicht nicht jedem die Mühe wert. Und man will ja auch nicht zu muskulös sein, richtig? Ein guter Kompromiss wäre die Sauna oder eine der vielen Thermen in der Gegend. Wir können das aber nicht uneingeschränkt empfehlen, denn wie wir später noch ausführen werden, kann man nicht behaupten, dass der Anblick eines nackten, schwitzenden Kölners die Augen erfreut. Das muss jeder selber wissen.

In der Umfrage wird mit immerhin noch 27 Prozent die rote Ampel als ideale Flirt-Station bezeichnet. Da können wir nur sagen: Einverstanden! Denn der kümmerliche Rest Freizeit, den man in Köln nicht an Haltestellen verbringt, findet an roten Ampeln statt. Das gilt besonders für Fußgänger. Es ist jetzt unklar, ob die befragten Damen nicht nur an Fußgängerüberwegen, sondern auch am Steuer ihres Kraftfahrzeugs mit anderen Verkehrsteilnehmern flirten, aber zumindest können wir uns nicht vorstellen, dass das so viel bringt. Aus der Perspektive kann der Mann der Frau ja nicht einmal vernünftig in den Ausschnitt starren, von den Beinen gar nicht zu reden. Jedoch, wenn Sie auf Geschwindigkeit beim Kennenlernen Wert legen, dann versuchen Sie es mal an den Fußgängerampeln am Neumarkt oder an der Nord-Süd-Fahrt, da stehen Sie mindestens fünf Minuten, das sollte reichen.

Für Hardliner sei eine besondere Stelle erwähnt, nämlich die Kreuzung Suevenstraße/Gotenring in Deutz – nach unserer langjährigen Erfahrung die schwachsinnigste Ampelschaltung nördlich des Äquators. Der Hass-Effekt ist hier ähnlich groß wie an den KVB-Stationen, nur richtet er sich in diesem Fall auf die Bekloppten, die in Köln die Ampeln regulieren. Und da die Stadtverwaltung nicht weit entfernt ist, kann man sogleich ein neues Projekt angehen, indem man zum Beispiel ein paar Autos in dem Parkhaus die Luft aus den Reifen lässt, ein paar kreative Muster in den Lack kratzt oder in die Tanks pinkelt. Keine Angst, Sie werden nicht erwischt, da gibt es eine Menge tote Winkel, und die Fluchtwege sind zahlreich.

Haben wir jedenfalls gehört.

Abgesehen von Single-Partys mit Horden von extrovertierten Baggermonstern bleiben natürlich noch Partner-Vermittler, da gibt es fast so viele wie Wohnungsmakler. Achten Sie auf Anzeigen in Zeitungen und Magazinen. Und wo Sie schon dabei sind, können Sie ja auch gleich mal die Kontaktanzeigen lesen. Ja, schon klar, wie furchtbar, haha, wie lächerlich, ich lese doch keine Kontaktanzeigen, das hab ich doch nich nötig, wenn dann höchstens aus Spaß oder aus Neugier, um mich über die Loser lustig zu machen, die bestimmt alle scheiße aussehen und deshalb niemanden abkriegen, also höchstens die Anzeige da, die klingt ganz nett, auf die antworte ich mal, nur so aus Jux, aber vorher geh ich zum Frisör und mach ein anständiges Foto, wenn schon denn schon, und eigentlich ist das ja auch gar nicht so teuer, mal selber eine Anzeige aufzugeben, ist doch viel einfacher, dann kann ich in aller Ruhe aussortieren, also gut, dann mach ich das jetzt mal, am besten vielleicht gleich ein paarmal hintereinander, in allen Zeitungen und Zeitschriften, damit es sich wenigstens lohnt, ich hab diese Anbaggerei satt, jetzt such ich mal gezielt, kann ja nicht schaden, ich werde ja auch nicht jünger. Wie gesagt: Kontaktanzeigen sind das Letzte. Machen Sie das ja nicht!

Was gibt's noch? Ach ja: Das Internet. Die erwähnten Kontaktanzeigen gibt es auch in den Online-Angeboten von Stadt-Anzeiger, Stadtrevue und Kölner Illustrierten, außerdem gibt es diverse Kuppel-Seiten für Köln, die wir jetzt hier nicht aufführen, weil die sowieso nicht bis zur Drucklegung überleben. Es gibt obendrein eine gewisse Zahl an Chatlines für Köln, aber der Autor dieser Zeilen behauptet, dass die Anzahl an Menschen, die über eine solche zueinander geführt wurden, von den Medien drastisch übertrieben wird. Wir behaupten, es waren bis heute weltweit nicht mehr als vier Menschen. Die anderen lügen. Lassen Sie diesen Chat-Quatsch also ruhig sein, gehen Sie lieber arbeiten, lesen Sie ein gutes Buch oder reißen Sie sich die Haare aus und knoten damit Ihre Zehen zusammen, das ist nicht so eine Zeitverschwendung.

gefühle
und jeföhle

Männer, die beten eine Frau manchmal so an,
dass sie aufhören, sie sexuell zu begehren:
Der Prüfstein ihrer Liebe ist,
dass sie nicht an sie denken, wenn sie wichsen.
DAVID BADDIEL

liebe auf knopfdruck

Sie kennen das: Ihr Herz rast, Ihr Magen verweigert die Nahrungsaufnahme, Ihre Hände werden feucht, der Körper kribbelt. Nein, wir reden nicht von Malaria, sondern von Liebe. Sie sind verliebt, und es ist eine Tortur. Und das bleibt es auch, bis die Liebe wieder verschwindet. Jedem Mann und jeder Frau geht es so, und trotzdem sind vor allem Frauen total versessen darauf, diesen Zustand zu erlangen und möglichst beizubehalten. Das Leben ist ohne Liebe bekanntlich nichts wert, nicht wahr? Dabei vergisst man gerne, dass Liebeskummer besonders bei jungen Leute die Hauptursache für Selbstmord ist. Unglücklich Verliebte sind medizinisch betrachtet mit Zwangsneurotikern gleichzusetzen.

Einer Umfrage des »Journal für die Frau« zufolge glauben 94 Prozent aller Deutschinnen an die große Liebe, und 76 Prozent gaben an, derzeit verliebt zu sein. Es gibt wohl keinen schlagenderen Beweis, um zu verdeutlichen, dass Frauen im Grunde überhaupt nicht wissen, was Liebe ist – im Gegensatz zu Männern. Der grundlegende Unterschied ist Ihnen ja bekannt: Männer können Sex und Liebe trennen, Frauen nicht. Das wäre ja auch ganz schön stressig für einen Mann, sich erst mal in jede Frau, mit der er schlafen will, zu verlieben. Wie viele Hormone kann ein Mensch produzieren? Gerade der sexbesessene Kölner wäre ja vollkommen lebensunfähig.

Die Wissenschaft sieht es genauso. So ist Verliebtheit eigentlich nur ein biochemischer Trick, der maximal nach einem Jahr aufhört zu wirken, gerade lang genug, um sich kennen zu lernen und Nachwuchs zu zeugen. Spätestens nach drei Jahren ist die Liebe komplett abgearbeitet. Das Gefühl schaltet sich bei der Frau automatisch ab, sobald sie ein Kind empfangen hat. Mütter lieben ihren Partner nicht, sie mögen ihn maximal. Wenn Sie Ihre Verbindung aufrecht erhalten wollen, kriegen Sie vielleicht besser keine Kinder.

Medizinisch betrachtet ist Liebe gleichzusetzen mit dem Gefühl, wie wenn man Unmengen Schokolade isst. Eine Tafel Sarotti ist wie ein Zungenkuss von Eros Ramazotti. So weit die Wissenschaft. Kann einen ganz schön runterziehen, was?

Liebe hat eine Haltbarkeitsdauer von maximal drei Jahren.

Nun, wie steht es um das Liebesleben der Kölner? Zunächst mal sehr gut. Die Menschen hier sind zweifellos extrem emotional. Die Kölner sind süchtig nach Zuneigung. Deshalb reden sie sich ununterbrochen ein, dass sie von allen Menschen in Deutschland unheimlich gemocht werden. Das glauben die wirklich. Die Grundlage für diese grandiose Fehleinschätzung ist uns nicht bekannt, wir haben nicht einmal den Ansatz einer Erklärung dafür, so wenig wie die Kölner selber.

Problematisch wird es freilich, wenn ab und zu sogar ihnen der Verdacht kommt, dass dem Rest der Deutschen Köln meilenweit am Arsch vorbeigeht, oder dass sogar die meisten heilfroh sind, nicht hier leben zu müssen, in dieser »frohsinnverseuchten Kloake« (Dietmar Wischmeyer), der »hässlichsten Stadt Deutschlands« (Bund Deutscher Architekten), angefüllt mit Menschen, die über eine »doch eher dumpfe Mentalität« (Harald Schmidt) verfügen. Wenn ein Kölner so etwas hört, reagiert er emotional genau so, als wenn Sie seine Freundin eine »hohle Bums-Torte« nennen, mal als Beispiel. Das ist nicht nur eine Beleidigung, es ist entehrend, eine schwere Verletzung seiner innigsten Gefühle und seines Stolzes. Die Reaktion variiert dann irgendwo zwischen Heulkrampf und Morddrohung.

Gleichzeitig blühen die Kölner auf wie Osterglocken, wenn ihre Stadt gelobt wird. An externer Bestätigung können sie nicht genug bekommen. Zumal diese ja auch immer seltener wird. Wenn Sie wollen, dass sich ein Kölner beziehungsweise eine Kölnerin in Sie verliebt, lassen Sie im richtigen Moment einen der folgenden Schlüsselsätze fallen:

1. Ich *liebe* Köln.
2. *Ich* liebe Köln.
3. Ich liebe *Köln*.

Die Reihenfolge ist egal, aber halten Sie sich an den Text. Ihr Auserwählter wird ein strahlendes Lächeln aufsetzen, das Sie bald darauf wieder auf seinem Gesicht sehen werden, und zwar kurz nach dem Orgasmus.

Die Kölner betteln ständig um Lob. Wann immer Sie in den lokalen Medien einen Bericht über scheißegalwas sehen, zum Beispiel über Herstellungsmethoden von Fingerhüten, wird unweigerlich die Frage des Journalisten kommen, ob denn nicht Köln ja wohl doch eigentlich das Mekka der internationalen Fingerhut-Produktion ist. Der Befragte wird dann, wenn er Kölner ist, eifrigst genau das versichern. Wenn er kein Kölner ist, wird er mit hochrotem Kopf verlegen lächeln und sich in irgendeinen höflichen Allgemeinplatz retten, um den Journalisten nicht zu verletzen.

Köln ist in fast überhaupt nichts von irgendeiner Bedeutung, wenn man vom Medien-Bereich absieht (und das auch nur durch Zufall), aber das kann man dem Kölner einfach nicht sagen. Dann könnten Sie ihm auch sagen, seine Frau sehe aus wie Marilyn Monroe – und zwar, wie sie heute aussieht.

Dieses ständige Bedürfnis nach Lob und Zuneigung lässt den Kölner selber ebenfalls schnell Liebe empfinden – sofern diese Liebe nicht im Gegensatz zu seiner Liebe zu Köln steht. Also unbedingt auf die drei Schlüsselsätze achten. Nichts ist leichter, als einen Kölner emotional für sich zu interessieren. Das funktioniert bei Frauen wie bei Männern.

Die Kölner wollen sich verlieben, Sie müssen ihnen lediglich einen Vorwand liefern.

So schnell das Gefühl kommt, so schnell ist es allerdings auch wieder vorbei. Denn die Kölner brauchen ständig aufs Neue Bestätigung, immer wieder neue Liebeserklärungen von immer wieder neuen Menschen. Nach ihrer Auffassung muss man von allen Menschen geliebt werden, nicht nur von manchen, das reicht nicht. Für einen, der Kritik übt, braucht er tausend, die Lob aussprechen. Ein Partner kann ihn deshalb nicht befriedigen, was letzten Endes zu einem recht ungewöhnlichen Verhältnis zum Thema Monogamie beiträgt. Dazu jedoch später.

Wir haben eben skizziert, wie man sich als Imi einen Kölner/eine Kölnerin krallt. Leider müssen wir zugeben, dass dies in letzter Konsequenz rein akademisch ist, denn solche Paarungen finden selten statt und gehen noch seltener auf Dauer gut. Für viele Paare gilt ja: Gegensätze ziehen sich an. Natürlich will man viel mit dem Partner gemein haben, damit man sich überhaupt mal unterhalten kann. Aber es wird langweilig, wenn man ständig übereinstimmt.

Ganz anders sehen das die Kölner. Wir werden später noch ausführen, wie sehr der Kölner es hasst, sich mit jemandem auseinander zu setzen. Er erträgt keinen Widerspruch, kann damit überhaupt nicht umgehen. Insofern wird er sich immer in jemanden verlieben, der genauso ist und genauso denkt wie er. Kurz gesagt:

Kölner verlieben sich nur in Kölnerinnen – und umgekehrt.

Die Bevölkerungszahl der Stadt steigt, obwohl die Zahl der Geburten stetig zurückgeht. Das heißt: Köln wird mehr und mehr von Imis okkupiert, und die Kölner selber pflanzen sich nicht mehr fort. Jedenfalls nicht mehr so stark wie früher. Die Zahl ihrer Partnerschaftsanwärter geht zurück. Die Imis möchten sich nicht mit Kölnern einlassen, sie finden keinen Draht zueinander. Und die Imis selber ziehen in erster Linie nach Köln, um beruflich voranzukommen, nicht um Familien zu gründen.

Wenn Sie nach Köln gehen, werden Sie nach ein, zwei Jahren feststellen, dass etwa achtzig Prozent Ihrer Liebespartner ebenfalls nicht hier gebürtig sind. Dafür müssen Sie gar nichts tun, das ergibt sich von ganz alleine. Die Kölner ziehen sich in ihre Nischen zurück, in ihre Kneipen- und Brauhaus-Biotope, während die Imis sich instinktiv von typisch kölschem Mumpitz fern halten. Es gab sogar mal eine Umfrage, der zufolge drei Viertel der Menschen in Köln keinerlei Interesse am Karneval haben. Den feiern nur die echten Kölner und Besucher aus dem Umland.

Das Problem ist einfach, dass nur gebürtige Kölner es auf Dauer schaffen, sich kölsch zu verhalten. Imis können sich nicht so verstellen, und wenn sie es noch so sehr versuchen. Irgendwann möchten sie lieber Pils und Weizen trinken, haben die Nase voll von uralten Karnevals-Witzen und stumpfsinniger Schunkelmusik, möchten sich zur Abwechslung mal ein gutes Fußballspiel ansehen und keines vom FC und so weiter. Viele Imis wollen die Stadt nach einigen Jahren sogar verlassen, und da können Sie sicher sein, das wird er alleine oder mit einem anderen Imi tun, sein eventuell kölscher Partner bleibt da, denn Kölner verlassen Köln nicht. Heinrich Böll hat das gemacht, und kurz darauf ist er gestorben, seitdem versucht das lieber keiner mehr, ist zu gefährlich. Anscheinend sind Kölner Lungen mit dem Sauerstoff außerhalb der Stadt nicht richtig kompatibel.

So gesehen ist es besser, wenn Kölner unter sich bleiben, genau wie Imis nur mit Imis um und in die Häuser ziehen sollten. Schon klar, das klingt jetzt nicht schön, hat was von Rassentrennung. Sind wir wieder so weit? Jawohl, sind wir. In gewisser Weise sind die Kölner einfach eine andere Spezies, und eine Paarung mit ihnen ist für Imis unnatürlich, genauso gut könnte sich ein Elefant mit einem Papagei kreuzen. Und seit den Wildecker Herzbuben wissen wir ja, was bei so was rauskommt. Die Scheidungsrate steigt in Köln unaufhaltsam, nur weil Kölner und Imis es einfach nicht lassen können. Wir wollen Ihnen nichts vorschreiben, machen Sie ruhig Ihre eigenen Erfahrungen. Aber kommen Sie nicht hinterher heulend angekrochen. Wir haben's Ihnen gesagt.

Was wäre Paris ohne l'amour? Sie begegnete mir in Gestalt der fünfzehnjährigen Claudette … möglich, dass sie auch vierzehn oder einundvierzig gewesen ist, aber welche Chance hatte die kalte Welt der Zahlen gegen die Macht der Gefühle!

HARALD SCHMIDT

romantik zum abgewöhnen

Viele Kölnerinnen und Kölner sind der Auffassung, dass es sich bei Köln um eine sehr romantische Stadt handelt. Da dem Autor dieser Zeilen persönlich jeder Sinn für Romantik abgeht, sind wir durchaus bereit, das mal so zu akzeptieren. Wir haben uns aber mit anderen Mitinsassen beraten, um ein ungeschminktes Bild zu erhalten. Die Probleme fangen jedoch schon damit an, dass es offenbar keine einheitliche Definition für den Begriff »Romantik« gibt.

Romantik hat im Grunde nichts mit Liebe zu tun.

Romantik – was ist das überhaupt, hä? Im Brockhaus kriegt man zu dem Thema bloß so einen kunsthistorischen Abriss serviert. Es gab offenbar sogar unterschiedliche Romantiken, nämlich die Frühromantik, die Hochromantik und die Spätromantik. Von Julio Iglesias steht da kein Wort. Aus unserer Humanisten-Grundausbildung an einem Bochumer Gymnasium fallen uns noch Namen ein wie der Dichter Novalis oder der Maler Caspar David Friedrich. Diese Romantik, die echte, verstehen wir ganz gut. Aber die Kölner?

Wichtigstes Merkmal der Romantik ist ausgeprägtes Naturempfinden. Das hat der Kölner so nicht. Wenn er es hätte, würde er nicht dauernd die Parks zumüllen, in die Badeseen pinkeln und es sich zur

Lebensaufgabe machen, möglichst viele Umgehungsstraßen in die Botanik zu kloppen.

Köln hat statistisch betrachtet sehr viel Wald, einen offiziellen Baumanteil von 53 Prozent, das ist eine Menge. Leider hat das mit dem Stadtbild oder einer besonderen Naturverbundenheit der Kölner überhaupt nichts zu tun, denn der bei weitem größte Teil dieser Bäume steht an den rechtsrheinischen Randgebieten, gehört also nur aus purem Zufall zu Köln. Wenn die Stadtgrenze am Waldrand enden würde, stünde der Baumbestand etwa bei acht Prozent. Köln ist eine Betonwüste, was den Kölner mitnichten davon abhält, steif und fest zu behaupten, es handele sich bei diesem Moloch um »die schönste Stadt Deutschlands«.

Das liegt daran, dass der Kölner mit Natur nichts anzufangen weiß. Natur ist langweilig, sie ist leise und lädt zu ruhiger Entspannung ein. Das kennt der Kölner nicht, das will der Kölner nicht. Tief im Innern ist er noch ein Kind. Spötter formulieren es sogar so: Der Kölner hat die Konzentrationsfähigkeit eines Fünfjährigen. Und Sie erinnern sich vielleicht noch, wie Sie es als Fünfjähriger gehasst haben, wenn man Sie auf Wanderungen durchs Sauerland oder in die Eifel mitgeschleppt hat. So reagiert der Kölner immer noch, wenn man ihm Natur zumuten will. Von den Bläck Fööss gibt es ein hübsches Lied dazu, wo sich der Sänger mit Händen und Füßen gegen die Vorstellung wehrt, auf den Drachenfels (bei Königswinter) zu steigen. Nach Meinung der Kölner ist das Umland, bestehend aus Eifel, Bergischem Land und Siebengebirge, lediglich dazu da, Menschen zu beherbergen, denen man sich intellektuell überlegen fühlen kann. Respekt vor der Natur ist dem Kölner also fremd – so ist er auch der Auffassung, die Bäume, die zur Stadtbildverschönerung auf die Bürgersteige gepflanzt werden, wären eigentlich Hundetoiletten.

Wichtig für die Romantiker war auch die Entwicklung des Geschichtsbewusstseins. Da muss der Kölner leider auch passen. Die Leute in dieser Stadt bringen es irgendwie fertig, auf die Geschichte Kölns stolz zu sein, ohne sie wirklich zu kennen. Die kölnische Geschichte wird gerne vernebelt und verklärt, manche Episoden muss man schnurstracks ins Reich der Fabel verweisen. Die Geschichte Kölns ist alles andere als ehrenwert, sie ist schon eher ulkig, fast so was wie eine Parodie auf Geschichte.

Nur mal ein Beispiel: Mit leuchtenden Augen erzählen die Kölner gerne von der Schlacht von Worringen 1288, bei der sich die Kölner angeblich vom Joch des Erzbischofs befreit haben. Mumpitz Schmumpitz. Um Köln ging es bei der Schlacht gar nicht, sondern um den »Limburger Erbfolgekrieg«. Dass Köln der Schauplatz wurde, war reiner Zufall. Die Kölner hatten noch 1287 mit dem Erzbischof einen Vertrag geschlossen, in dem sie ihm hoch und heilig versprachen, ihn niemals anzugreifen und sich nie mit seinen Feinden zu solidarisieren. Ein Jahr später nutzten sie die günstige Gelegenheit und griffen ihn an.

»Vertrags- und Treuebruch auf Seiten der Stadt Köln«, konstatiert der Historiker Carl Dietmar. Die Kölner beteiligten sich an einer Schlacht, mit der sie eigentlich nichts zu tun hatten, und das noch nicht einmal richtig: Sie machten sich sofort auf und davon, als es gefährlich wurde – und so hatten die Kölner nur einen einzigen Toten zu beklagen. Diese doch eher peinliche Episode wird von den Kölnern heute noch als einer der glorreichsten Tage in der Stadtgeschichte angesehen. So viel zum Thema Geschichtsbewusstsein.

Drittwichtigstes Thema der Romantik war die Betonung des Unheimlichen und Dämonischen. Tja, nun. Für den Kölner ist einfach *alles* außerhalb von Köln unheimlich und dämonisch. Wenn der in Berlin in eine Kneipe kommt und dort kein Kölsch bekommt, gerät er in Panik, weil er glaubt, er muss verdursten. Sollte er sich aufgrund widriger Umstände zur Karnevalszeit nicht in Köln befinden (jetzt mal rein theoretisch) und nicht an jeder Ecke und in jedem Lokal Lieder hören, die relativ indezent darauf hinweisen, wie wunderschön doch Kölle sei, ruft er ganz schnell zu Hause an, um sich zu vergewissern, dass die Stadt noch existiert. Und sollte er in einer fremden Stadt öffentliche Verkehrsmittel benutzen, kann die Erfahrung, dass Busse und Bahnen tatsächlich zu den auf den Fahrplänen angegebenen Zeiten abfahren, einen irreparablen Schock auslösen.

Alles Unkölsche macht den Kölnern Angst. Es ist so, als würden sie auf einen fremden Planeten gebeamt. Deshalb suhlt sich der Kölner lieber in seiner geliebten, vertrauten, sich nie verändernden Subkultur. Betonung des Unheimlichen und Dämonischen ist dem Kölner also ebenfalls fremd.

Nach klassischen Kriterien ist der Kölner fürchterlich unromantisch.

Womit sie nicht typisch deutsch sind. Rein künstlerisch war das eine sehr fruchtbare kleine Epoche, die Romantik, und gerade die Deutschen haben sich darin hervorgetan. Die Deutschen sind so gesehen das romantischste Volk der Welt. Ja, und warum auch nicht? Wer denn sonst? Die Franzosen? Nur weil sie diese tuntige Sprache haben und Rotwein von Brennspiritus unterscheiden können? Oder die Italiener? Diese fetten kleinen Mamasöhnchen auf ihren motorisierten Tretrollern? Ha, ha, ha. Nein, die größten Romantiker nach aktueller Definition sind wohl die Amerikaner. Die haben ja das heutige Verständnis von Romantik definiert. Fassen wir die amerikanische Romantik, wie sie vor allem Frauen schätzen, kurz zusammen. Romantisch ist:

- Kerzenschein und offener Kamin
- Rotwein und Champagner trinken
- Tango und Walzer tanzen
- Blumen und Schokolade als Opfergabe
- Schwülstige Musik
- Langsames Kennenlernen ohne Gefummel
- Über Gefühle reden
- Sex im Zeitlupentempo

Das war's im Groben, oder haben wir was vergessen? Es ist schon erstaunlich, wie viel Bedeutung eine Frau einer leeren Geste beimisst, nicht wahr? Dressierte Romantik-Äffchen sind sie geworden. Klingt etwas hart, aber es stimmt halt.

Männer verstehen dieses System nicht, weil es nicht für sie gemacht wurde. Wenn Männer einer Frau Zuneigung zeigen wollen, begeben sie sich lieber auf ihr eigenes Terrain: Sie tun etwas Praktisches für sie. Sie programmieren ihren Fernseher, waschen ihren Wagen oder erschießen ihren altersschwachen Hund. Mann will Frau helfen, das ist für ihn Romantik. Frauen könnten von Männern lernen, aber sie halten Romantik für ihre ureigenste Domäne, dabei stammen sämtliche oben genannten Versatzstücke aus den Köpfen von Männern, nämlich Schriftstellern, Filmemachern und schwulen Choreographen.

Die Kölner jedenfalls, sie ficht dieser überholte Romantikbegriff nicht an. Kölner bestehen einfach darauf, dass ihre Stadt schon per se wunderschön und romantisch ist, das muss als Begründung reichen. In entsprechenden Liedern und Krätzchen gehen Liebe zur Frau und Liebe zur Stadt immer Hand in Hand. Offenbar bewegen sich beim Kölner zwischenmenschliche Liebe und Lokalpatriotismus auf ein und derselben Wellenlänge. Und beides sind durchaus starke Emotionen. Andererseits – wie beweist man seiner Stadt seine Liebe?

Tja, überhaupt nicht, wenn's nach dem Kölner geht. Die Stadt Köln selber käme wahrscheinlich nie auf die Idee, dass die Leute, die in ihr rumlaufen, etwas für sie übrig haben könnten. Warum sonst lassen sie diese Menschen derart versiffen, hauen haufenweise Schnellstraßen durch ihr Herz, veranstalten einen Mordskrach und gestatten übergewichtigen Hilfskomikern, ihre Dächer mit goldenen Ford Fiestas zu besudeln? Na, vielen Dank auch, denkt da das arme, geschundene Köln.

Und so, wie der Kölner seine Stadt behandelt, geht er auch mit seiner Frau um. Romantik funktioniert bei ihm so: Man legt eine CD von BAP oder Brings ein, schaltet das Licht aus und öffnet den Reißverschluss. Und auch die typisch männliche Variante, für die Frau eine Arbeit zu erledigen, geht dem Kölner am Arsch vorbei. Wenn er schon für seinen Boss nicht richtig arbeitet, warum dann für seine Frau? Für Männer hat das den Vorteil, dass die Kölnerinnen inzwischen so abgestumpft sind, dass sie Romantik nicht mehr erwarten.

gefühle und jeföhle

Kölner haben Romantik aus ihrem Leben getilgt.

Dennoch, ein bisschen was kann man auch in Köln noch machen. Im Rheinland spricht man gerne von der »Rhein-Romantik«. Die hat natürlich mit Köln überhaupt nichts zu tun, der Begriff bezieht sich auf den Mittelrhein (zu dem Köln nicht gehört) und das Tal der Loreley, jenen zauberhaften Flecken Erde, wo sich der Rhein um Weinberge, hübsche Schlösser und malerische Dörfer herumschlängelt. In Köln hat man ein paar unglaublich hässliche Brücken, einen verwitterten, einschüchternd wirkenden Dom und das Lufthansa-Gebäude, »und der Fluss sieht aus wie die Einfahrt zum Containerhafen Rotterdam« (Dietmar Wischmeyer).

Trotzdem: Rhein-Spaziergänge in Köln können ganz schön sein, vor allem so im Bereich von Zündorf oder im Rheinpark. Eine Fahrt mit einer Fähre soll bei Nacht ganz pittoresk sein, aber todsicher befindet sich mindestens ein Dutzend chronisch fröhlicher Extrem-Kölner an Bord, die einen Grad an Geselligkeit erreichen, gegen die der schönste Sternenhimmel machtlos ist.

Was hat Köln sonst noch so an romantischen Orten zu bieten? Nun, wie gesagt, schöne Parks gibt es nicht, und der Königsforst ist halt ein Wald, was sonst? Gehen wir weg von der Natur.

Urige kölsche Kneipen scheinen auf Frauen weniger anziehend zu wirken, sie schätzen zwar die schummrige Beleuchtung, aber die toten Tierköpfe an den Wänden sind da eher kontraproduktiv. In anderen Kölner Kneipen herrscht eine Disco-Beschallung, die so ohrenbetäubend ist, dass wir gar nicht wissen wollen, wie laut sie die Musik in Discos aufdrehen. Romantik kann da nicht entstehen. Verabreden Sie sich niemals in einer Kölner Kneipe zu einem Rendezvous, das wird nichts. Ein Restaurant wäre besser. Kölner Restaurants sind so romantisch wie anderswo auch, vorausgesetzt, sie werden von Italienern, Griechen oder Türken betrieben.

Und das ist der Punkt: Die romantischsten Orte in Köln sind diejenigen, die am wenigsten mit der Stadt zu tun haben. Exotik ist da das Zauberwort. Sogar Männer geraten schon mal in schwülstiges

Schwärmen, wenn sie an ferne Länder und deren leichtes, lebenslustiges Flair denken. In dieser Hinsicht kann Köln durchaus was reißen. Die Keupstraße in Mülheim zum Beispiel ist so was wie ein kleines Istanbul, da kommt sehr schnell eine mediterrane Stimmung auf, als wäre man im Urlaub am Mittelmeer. Und es gibt das beste türkische Essen der Stadt, weil da die Türken auch selber zum Essen hingehen. Wenn Ihnen also in Köln nach Romantik ist – und das hat uns so gut wie jeder, den wir gefragt haben, bestätigt – tun Sie einfach so, als wären Sie in einer ganz anderen Stadt.

Wem in Köln nach Romantik ist, der muss die Stadt zumindest mental verlassen.

Was genau verstehen nun die Kölner Frauen unter Romantik? Ein übliches Schema ist ja ein Kerzenlicht-Dinner mit Rotwein, und das gefällt Kölnerinnen auch, während Männer natürlich lieber was Obergäriges kippen würden. Aber die prickelnde Erotik einer schaumlosen Kölsch-Stange erschließt sich nicht jeder Frau automatisch. Kerzenlicht ist für Kölnerinnen auch wichtig, aber Sie sollten sowieso Kerzen im Haus haben, in dieser Stadt gibt es verdammt häufig Stromausfälle. Tanzen können Kölner auch nicht, sie wissen kaum, wie man richtig schunkelt. Blumen sind Natur und dem Kölner somit unheimlich, damit kann er nichts anfangen. Langsames Kennenlernen kommt für den Kölner, dem an Karneval die Lizenz zum Grapschen erteilt wird, überhaupt nicht in Frage. Und der Kölner kann zwar über Gefühle reden, aber er kann anderen nicht dabei zuhören.

Männer sind ja allgemein dafür verschrien, ihre Gefühle zu verbergen. Stimmt auch: Das männliche Gefühlszentrum ist kaum mit dem Sprachzentrum verbunden. Aber bei den Kölnern scheint es da eine Anomalie im Hirn zu geben, jedenfalls sind sie ganz anders drauf, die servieren einem ihre Gefühle stets auf dem Silbertablett. Davon sind besonders Imi-Frauen dann häufig so entsetzt, dass sie sich sofort wieder an Männer mit intaktem emotionalem Panzer wenden, denn was Männer fühlen, ist selten das, was Frauen fühlen.

Wenn Sie sich Romantik nur in den vorgegebenen Schemata vorstellen können, sind die Kölner nicht die richtigen Partner für Sie. In ihrem Herzen ist kein Platz für eine ganze Stadt und einen besonderen Menschen. Sie entscheiden sich für die Stadt. Die ist wenigstens bei Liebesliedern nicht anspruchsvoll. Vielleicht ist es so gar nicht übel. Romantik mag für Frauen lebenswichtig sein, Männer empfinden sie doch eher als Belastung. Sie haben das Gefühl, sich verstellen zu müssen. Und später wundern sich die Frauen dann, wenn mit der Romantik Schluss ist. Männer können eben nur eine begrenzte Zeit lang so tun, als begriffen sie die Bedeutung von Blumensträußen und Tanzabenden. Die Kölner fangen damit gar nicht erst an, und vielleicht muss man es ihnen zugute halten. Zumindest in dieser Beziehung sind sie einfach nur ehrlich.

Frauen sind von der Natur auf einen einzigen Partner programmiert, Untreue der Frau wäre also ein Verbrechen gegen die Natur!

FABIAN ZONK

polygamie als lebensstil

In ihrem Liebesleben haben die Kölner ein bizarres Kuriosum erschaffen. Zum einen sind die Kölner natürlich hinreißend altmodisch. Was sollen sie auch machen? Sie leben in einer Stadt, in deren Gedärmen man beim Bauen von U-Bahn-Tunneln dauernd Überreste der römischen Antike findet. Mitten in der Stadt steht eine Mischung aus Tempel und Spukschloss namens »Kölner Dom«, die schon länger da steht, als jeder Kölner zurückdenken kann, also mindestens siebzehn Jahre. Die Kultur Kölns wird beherrscht von Borderline-Spießertum in Form von Millowitsch-Theater und Puppenspielen aus dem späten Mittelalter. In so einer Atmosphäre ist es nicht leicht, modern und zukunftsorientiert zu denken. Und sie können es auch nicht, die lieben Kölner. Sie versuchen es manchmal, aber dabei kommt nichts raus. Köln ist alt, und die Stadt kann sich ebenso wenig verjüngen wie Inge Meysel oder Uschi Glas.

Aber es gibt trotzdem einen Bereich, in dem die Kölner weiter sind als alle anderen. Ulkigerdings fußt diese äußerst moderne Auffassung, von der hier die Rede ist, auch auf einer alten Tradition. Grob zusammengefasst kann man sagen:

Die Kölner sehen Treue nicht als wesentlichen Bestandteil einer Beziehung an.

Zweifellos ist Köln hier ein Trendsetter. Bedingt durch immer detailliertere Forschungsergebnisse und deren Verbreitung in den Medien setzt sich auch bei Frauen der Dreisatz durch, der Männern schon lange bekannt ist:

1. Männer können und wollen nicht treu sein.
2. Man sollte sie auch nicht dazu zwingen.
3. Ab sofort tritt Regel 2 auch für Frauen in Kraft.

Letzteres vor allem der Fairness wegen. Wenn nach ein paar Jahren der Beziehung das Dopamin im Hirn alle ist, hat der Mann keine Lust mehr auf seine Frau, wie man weiß. Ein chemischer Prozess, den man auch nicht durch eine CD von Roy Black wieder rückgängig machen kann. Höchstens durch Sex mit einer anderen Frau, dann bildet sich das Dopamin nach, und die ehelichen Pflichten machen für eine Weile wieder Spaß. Mit Pornos klappt das nicht, das Gehirn ist ja nicht blöd und lässt sich nicht verarschen. Das ist inzwischen bekannt, aber bedingt durch die ununterbrochene Gehirnwäsche durch Seifenopern, Hollywood-Liebesfilme, Liebesromane, die Kirche, Schnulzen und die Klatschpresse zwingen sich immer noch die meisten Menschen, dieses Wissen von der Unnatürlichkeit der Treue permanent nur im Unterbewusstsein abzuheften und sich nicht in ihrem Drang beeinflussen zu lassen, stets und ständig nach der vollkommenen Beziehung zu suchen, in der es selbstverständlich ist, dass man bis zu seinem Tode fünfzig Jahre lang nur noch mit ein und derselben Person ferkelt.

Der Kölner ist da ein Stück weiter. Natürlich wird Treue irgendwo auch gefordert, einfach der Form halber. Und wenn ein Partner mal fremdgeht, dann wird das dem anderen ja auch nicht gleich unter die Nase gerieben. Nein, hier kommt es auf eine gesunde Mischung aus Rücksichtnahme und Geilheit an.

Frauen haben ein kleines Problem: Auch wenn sie sich gar keine Kinder wünschen, ihr süßer kleiner Hypothalamus nervt sie trotzdem damit. In Köln kommt erschwerend hinzu, dass so viele Männer, speziell diejenigen, die nach optischen Kriterien zur Fortpflanzung einladen, homosexuell sind. Und wenn es besonders wenig flachlegbares Material gibt, muss frau natürlich ständig testen, ob sie noch das Zeug dazu hat, »eine neue Samenschleuder für ihre Eierstöcke zu begeistern, if you know what I mean«.

Frauen flirten ja überall auf der Welt, um zu sehen, ob sie im Notfall noch landen können – ist quasi eine Rettungsübung. Und in einer Lage, die besonders bedrohlich erscheint, muss sie das umso häufiger tun. Nicht, weil sie Angst hat, ihre Beziehung könnte in die Brüche gehen. Aber sollte das passieren, ist sie dem durch den hohen Schwulenfaktor extrem ausgedünnten Angebot an attraktiven allein stehenden Männern ausgesetzt. Und da muss sie gewappnet sein.

Einem Flirt sind die Kölnerinnen dementsprechend niemals abgeneigt, selbst wenn sie sich gerade verlobt haben. Der Flirt geht dann oft und gerne allmählich in einen One-Night-Stand über, der One-Night-Stand in eine Affäre. Passiert andauernd. Der besten Freundin erzählt frau es, und die hält brav die Klappe, damit sie selber auch jemanden hat, mit dem sie im Ernstfall darüber reden kann.

Kölnerinnen flirten gern, um ihren Marktwert in einer chronisch schwachen Nachfragesituation zu testen.

Männer reden in der Regel nicht darüber, wenn sie fremdgehen, weil sie genau wissen, dass sie sich untereinander nicht trauen können. Wenn dieser Freund, den man einweiht, nämlich zufällig scharf ist auf die eigene Partnerin, gerät er in einen Konflikt zwischen seiner Freundschaft und seiner Libido, und diesen Kampf kann kein Mann gewinnen. Er würde schnurstracks zu der schmählich Betrogenen marschieren, sie zunächst aufklären, daraufhin trösten und aus der Situation so viel Nutzen ziehen wie möglich. Männer sind so, auch die Kölner, oder um es auf den Punkt zu bringen: *Gerade* die Kölner sind so. Freunde kann man ständig neue finden in Köln, das ist leicht, man muss nur in einen FC-Fanclub eintreten und dort lautstark verkünden, wie sehr man Bayer Leverkusen und Fortuna Düsseldorf hasst. Schon hat man Dutzende neuer Busenfreunde. Frauen stellen den weitaus wertvolleren Rohstoff dar.

Die Kölner Männer sind deshalb auch etwas anders drauf. Sie beziehen die Notwendigkeit außerehelicher Aktivitäten in erster Linie auf sich. Als männliches Säugetier ist der Kölner nun einmal genetisch darauf programmiert, sein Erbgut so oft und so weit wie nur möglich in der Gegend zu verspritzen, so wie alle Männer auf der Welt. In Köln kommt ein Punkt verschärfend hinzu: Die meisten Kölner wohnen entweder in der äußerst dicht besiedelten Innenstadt oder in kleinen, überschaubaren Veedeln, in denen sie den Großteil ihres Lebens abwickeln. Das bedeutet: Der Kölner teilt sich ein relativ kleines Revier mit besonders vielen Konkurrenten. Das ist eine Belastung für den natürlichen Anspruch des Mannes, sich fortzupflanzen. Natürlich gibt es in Köln genau so viele Männer und Frauen wie anderswo, aber das spielt keine Rolle. Der Dschungel ist überfüllt mit dominanten Männchen. Da kann man doch nicht ernsthaft verlangen, dass sich der Kölner Mann auf eine einzige Partnerin beschränkt.

Unter den verbliebenen heterosexuellen Männern herrscht ein harter Existenzkampf innerhalb ihrer kleinen Reviere.

So der Standpunkt der Kölner aus genetischer Sicht. Viel essenzieller für das Phänomen Köln als monogamiefreie Zone sind jedoch die kulturellen Einflüsse. Sie erklären, warum auch Frauen in dieser Stadt bedingungslose Treue als überholt ansehen. Einer der Hauptauslöser für diese Einstellung ist – wie in so vielen Dingen in Köln – der Karneval. Speziell in diesem Fall die Weiberfastnacht.

Lassen Sie sich nicht täuschen: Oberflächlich betrachtet mag dieses Karnevalsfest am Donnerstag vor Rosenmontag aussehen wie ein groteskes Massenbesäufnis in Tateinheit mit kompletter Ignorierung der grundlegendsten Regeln menschlicher Zivilisation. Und wir wollen Sie nicht belügen: Das ist es auch. Vielleicht ist die Weiberfastnacht noch schlimmer als der Elfte im Elften oder gar der Rosenmontag selber. Denn an diesem Tag ist es schöne Tradition für die Frauen des Rheinlands, sich ganz allgemein so aufzuführen wie Männer, oder so, wie sich Frauen das normale Benehmen und vor allem Balzverhalten der Männer halt so vorstellen. Abgesehen von diversen Akten der Sachbeschädigung (Durchtrennen von Krawatten, Schnürsenkeln oder Samenleitern) und einigen seltsamen Ritualen, die eine fiktive Machtübernahme der Frauen symbolisieren sollen (die in Köln auch für immer fiktiv bleiben wird), haben die Frauen an diesem Tag nur eines im Sinn:

Anonymer Sex!

Durchaus nicht wahllos mit jedem, oh nein. Sie wollen sich ihren Lustgymnasten schon selber aussuchen, anders als es sonst üblich ist. An Weiberfastnacht werden die Jungs von den Mädels angebaggert. Normalerweise reagieren Männer ja eher zurückhaltend, wenn sie in der Kneipe, am Strand oder unter der Dusche angesprochen werden. Das ist man so nicht gewohnt, man fühlt sich als Mann nicht wohl in seiner Haut, wenn man Gejagter und nicht Jäger ist. Lediglich an diesem Feiertag, der ursprünglich eigentlich nichts mit Sex zu tun hatte, ist es umgekehrt.

Wieso es sich in diese Richtung entwickelt hat, ist unklar, aber wir vermuten, Frauen müssen eben einfach einen im Tee haben, um den Mut aufzubringen, Männer anzugraben. Und da Weiberfastnacht der einzige Tag ist, an dem es auch Frauen gestattet ist, sich öffentlich zu besaufen (statt es sich zu Hause mit einer Flasche Wein, Prosecco oder Wodka Gorbatschow gemütlich zu machen), findet die weibliche Balz eben nur dann statt. Und um das klarzustellen: Das gilt auch für Ehe- und fest liierte Frauen!

An Weiberfastnacht ist Treue eine Ungehörigkeit.

Die Frauen, an diesem Tag als »Möhnen« bezeichnet (kölsch für »alte, unverheiratete Tanten«), verkleiden sich notdürftig, damit sie ihr Partner nicht erkennt, falls man sich zufällig begegnet. Inzwischen ist es nämlich so weit, dass die Damen ihren Männern schlicht verbieten, mit ihnen zu gehen. Sie wollen allein beziehungsweise zusammen mit Freundinnen die überfüllten Kneipen unsicher machen. Und die Männer akzeptieren das auch. Sie gehen dafür halt selber in die Stadt, freilich in einen anderen Bezirk als die Partnerin. Das ist ein Agreement, über das gar nicht groß gesprochen wird. Und so ziehen sie denn los, ab in die Kneipen (nachdem die offiziellen, eher störenden Feierlichkeiten abgearbeitet sind), schütten sich Kölsch und Spirituosen in die Köpfe und halten automatisch jeden Mann für verfügbar. Und die sind es auch.

Manche Frauen sagen dann so Sachen wie »Ich hoffe, ich schaffe es heute, meinem Freund treu zu sein«. Das ist natürlich bezaubernd, aber es klingt auch ein klein bisschen unaufrichtig, möchte man beinahe meinen. Wir wollen niemandem etwas vorschreiben, aber wer seinem Freund treu sein will, sollte es vielleicht unterlassen, mit wildfremden Männern in Hauseingängen rumzuknutschen. Das ist jetzt mal so ein Tipp von uns, ganz unverbindlich.

Randbemerkung: Vielleicht ist das Karnevalskostüm der Frau auch so etwas wie ein Reizwäsche-Ersatz. Männer sehen ihre Partnerinnen ja gerne in immer wieder anderen erotischen Aufmachungen, um sich der Illusion hingeben zu können, einen ganzen Harem an unterschiedlichen Frauen zu haben. Diese Funktion kann auch ein Kostüm als Teufelchen oder Teletubbie erfüllen, je nach individueller Neigung. Auf diese Weise kann der Karneval also durchaus auch das eheliche Sexleben wieder etwas aufmöbeln, wenn man für einen Seitensprung nicht mehr so recht die Energie aufbringt.

Das Ergebnis der Operation Wieverfastelovend ist jedenfalls klar. Man kann so etwas nicht jedes Jahr aufs Neue mitmachen und gleichzeitig weiter an Treue glauben. Stattdessen wissen Kölner und Kölnerinnen ein kleines oder auch mal größeres Abenteuer außerhalb des partnerschaftlichen Schlafgemaches durchaus zu würdigen, und sie haben es aufgegeben, sich und andere deswegen zu kriminalisieren. So ist aus einem alten Brauch eine erstaunlich moderne Einstellung entstanden.

Leider hat das alles auch einen kleinen Nachteil. Aus dem Umstand, dass die Frauen an Weiberfastnacht tatsächlich paarungswilliger als sonst sind, zieht mancher Kölner den Schluss, dass die das eigentlich immer so wollen, und zwar mit nahezu jedem. Und das färbt unschön auf ihr Balzverhalten ab. Die Methoden jedoch, mit denen ein Mann am Wieverfastelovend zum Zuge kommen mag, sind an normalen Tagen praktisch untauglich.

»Ey, du bist doch bestimmt geil«, krächzen betrunkene Subjekte im Clownskostüm die Frauen an. Das Kostüm sorgt dafür, dass das Aussehen des Mannes heute mal ausnahmsweise sekundär ist. Und der Alkohol im Blut der Frau sorgt dafür, dass sein Betragen großzügig verziehen wird. Aber das gilt nur an Karneval. Wenn ein Mann dasselbe in normaler Aufmachung bei einer relativ nüchternen Frau versucht, kriegt er die Abfuhr seines Lebens. Die er freilich nicht akzeptiert. Uns haben schon viele Frauen in Köln ihr Leid geklagt, dass sie ständig von irgendwelchen Primaten angequatscht werden, die auch nach dem dritten Nein immer noch nicht aufhören können zu nerven. Das Nein wird einfach nicht verstanden. Wenn Sie sich, liebe Leserinnen, das nächste Mal über so einen Sex-Schlumpf aufregen, denken Sie daran, dass Sie sich beim nächsten Karneval vielleicht ein wenig unkölscher verhalten und diesen Typen die Papp-Teufelshörner stutzen sollten.

Eben wurde schon der zweite kölsche Untreue-Katalysator erwähnt: Alkohol. Die Hemmschwelle sinkt nun einmal stets und ständig mit steigendem Alkoholpegel. Was an Wieverfastelovend für die Damen gilt, gilt an den anderen Karnevalstagen – und eigentlich auch für den Rest des Jahres – für die Männer. Sie kennen ja die Wirkung von Alkohol: Schlagartig wird Ihnen klar, wie unglaublich attraktiv Sie sind, und Menschen, die Sie vorher gar nicht so prickelnd fanden, wirken auf einmal wie Anna Nicole Smith in der Sauna. Alkohol ist ja ohnedies für das soziale Leben der Menschen von großer Bedeutung, und ganz besonders in Köln, wo der Genuss von Bier so wichtig ist, dass die Stadt nach dem Bier benannt wurde. Oder war's umgekehrt?

Kölsch zu trinken, ist für Kölner Pflicht. Sogar Kinder lernen das schon frühzeitig. Erstens durch das Verhalten der Eltern und der übrigen Erwachsenen, zweitens durch den Einfluss der kölschen Alltagskultur. Etwa zwei Drittel aller kölschen Lieder handeln von der Notwendigkeit und den Freuden des Alkoholmissbrauchs. Und Feiern ohne Alkohol, das kennt man in Köln so nicht. Ist einfach unvorstellbar. Das kann man sogar nachvollziehen, denn wie soll man stocknüchtern stundenlang der »Musik« von den »Höhnern« standhalten?

Das denken sich auch die Kinder und Jugendlichen in Köln und geben sich schon in frühen Jahren regelmäßig die Kante. Wenn Sie beispielsweise an Rosenmontag mal zum Fischmarkt gehen, können Sie stets eine große Horde Minderjähriger beobachten, wie sie sich unter den wohlwollenden Blicken der Kölner Polizei mit buntem Wodka, kleinem Feigling und anderen Schnäpsen, häufig in Nuckelflaschen, die Gehirnzellen wegsaufen. Das ist Tradition, weshalb sich auch kein Händler weigert, Kindern Alkohol zu verkaufen. Man will ja nicht unkölsch sein. Oder auf Umsatz verzichten.

Die Kölsch-Indoktrination ist unerbittlich. Kölsch zu trinken, gilt als das absolute Kriterium echten Lokalpatriotismus. Das ist logisch, außerhalb der Region Köln trinkt das Zeug ja kein Mensch. Und Leute, die aus einer anderen Gegend kommen und das »harntreibende Lokalgebräu« (Heinrich Böll) zum ersten Mal probieren, bestellen gleich noch eins. Nicht etwa, weil es so gut geschmeckt hat, sondern weil sie denken, das erste Kölsch war irgendwie verdorben. So kann doch kein richtiges Bier schmecken, oder? Dem Kölner macht das jedoch nichts, er stellt sich gar nicht die Frage, ob ihm Kölsch schmeckt oder nicht. Im Höchstfall unterscheidet er zwischen den verschiedenen Marken, um sich als echter Kenner zu profilieren. So ist auch jeder Kölner davon überzeugt, dass Düsseldorfer Altbier furchtbar schmeckt, und das, obwohl er es in den meisten Fällen nie probiert hat. Wie denn auch, es ist in Kölner Kneipen kaum zu bekommen.

Hoher Kölsch-Konsum potenziert das Balzverhalten des Kölners.

Aber es sind nicht nur Weiberfastnacht und Alkohol, die für die allgemeine Treue-Skepsis verantwortlich zeichnen. Es geht tiefer, bis in die Grundpfeiler des kölschen Selbstverständnisses. Im Prinzip ist ja eine Beziehung ein normaler Bestandteil des Lebens, und wie das ganze Leben unterliegt sie festen Regeln. Eigentlich. Aber die Kölner, wie Sie vielleicht schon gemerkt haben, glauben nicht an Regeln. Grundsätzlich nicht. Das ist nicht deren Ding. Die Kölner glauben nicht an Verkehrsregeln, sie fahren und parken, wie und wo sie es für richtig halten. Die Kölner glauben nicht an Gesetze, die das persönliche Fortkommen oder das persönliche Vergnügen irgendwie einschränken. Und die Kölner glauben nicht an die Regel, dass es unanständig ist, mit jemand anders als dem festen Partner Sex zu haben. Schließlich macht Letzteres mindestens genau so viel Spaß wie betrunkenes Rasen auf den Ringen oder das Einheimsen lukrativer Aufträge mittels Bestechung.

Kölner hassen Regeln, auch die Regel der Monogamie.

Grundsätzlich ist man in Köln der Meinung, eine Regel zu brechen, ist sinnvoller, als sie zu befolgen. Die Kölner befinden sich eigentlich ständig in einem Stadium der stilisierten Revolte. Zumindest bilden sie sich das gerne ein, und diese Form der Autosuggestion reicht völlig aus, um es grundsätzlich für in Ordnung zu halten, jede Art von Autorität abzulehnen, mit der fadenscheinigen Begründung, es sei unkölsch, sich von anderen etwas vorschreiben zu lassen.

Die Kölner behaupten zum Beispiel, die »Roten Funken« und andere uniformierte Karnevalstruppen seien eine Parodie auf die preußischen Soldaten. Na ja, in Wirklichkeit tragen diese Männer einfach gerne Uniform, weil sie sich einbilden, besonders gut darin auszusehen. Wenn Sie sich jedoch als Frau oder auch nur als Imi diese Möchtegern-Ladykiller mal ansehen, werden Sie sich fragen, was das für ein Gott ist, der so was zulässt. Tatsächlich sind diese Männer nur heimliche Bewunderer von Militär und Polizeimacht. Das darf man aber in Köln nicht sagen.

Die Kölner sehen sich gerne selbst als antipreußisch und damit antiautoritär, aber ein Streifzug durch die Innenstadt belehrt einen schnell eines Besseren. Spätestens wenn Sie eine Wanderung unternehmen, die am Kaiser-Wilhelm-Ring beginnt, mit einem kleinen Schlenker über die Bismarck- und die Moltkestraße, zurück auf den Hohenzollern-Ring, werden Sie vielleicht doch etwas misstrauisch. Und wenn Sie unter anderem am Heumarkt oder an beiden Enden der Hohenzollernbrücke große Reiterstandbilder diverser preußischer Kaiser begutachten, kommen Sie wohl nicht umhin, sich über das angebliche Anti-Preußentum der Kölner so Ihre eigenen Gedanken zu machen. In keiner anderen preußischen Stadt sind so viele Kaiserdenkmäler errichtet worden wie in Köln. Aber die Kölner sind in der außergewöhnlichen Lage, sich einfach alles einzureden, was sie glauben wollen.

Dieser kleine Exkurs zeichnet ein genaueres Bild der kölschen Psyche. In Wirklichkeit ist man hier ebenso autoritätengläubig wie anderswo auch. Die Legende vom aufmüpfigen Kölner ist lediglich eine bequeme Ausrede, um sich Vorteile zu verschaffen. Unter anderem den Vorteil, ohne schlechtes Gewissen den Partner zu bescheißen. Etwas, das ein Preuße niemals tun würde. Und natürlich auch kein guter Katholik. Die Auflehnung gegen die Kirche hat dem Kölner immer großen Spaß gemacht, wenn auch nicht aus weltanschaulichen, sondern egozentrischen Gründen. Protestanten hat man schon auch mal verbrannt.

Der hohe Anteil homosexueller Männer an der Gesamtbevölkerung ist wohl noch ein vierter Faktor, der dem Phänomen Treue in Köln den Todeskuss verpasst hat. Ohne einen Allgemeinplatz besetzen zu wollen, kann man wohl doch behaupten, dass Schwule nur bedingt dafür bekannt sind, gesteigerten Wert auf Monogamie zu legen. Zumindest der allseits beliebte Szenegänger unterliegt diesem Klischee. Nehmen wir das also einfach mal als gegeben an. Und die meisten Kölner, die sich das abends in der City so ansehen, denken sich halt: Wenn die Schwulen damit kein Problem haben, wieso dann wir? Sind die vielleicht was Besseres? Na also! Das wollen wir doch mal sehen! Was für Schwule gilt, soll auch für Heteros gelten. Alles andere wäre ungerecht.

Kölner Männer beneiden Schwule um ihre Promiskuität.

So, das waren die vier Grundpfeiler des kölschen Polygamie-Tempels. Es hat lange gedauert, ihn zu errichten, wenn auch nicht so lange, wie man für den Dom gebraucht hat. Imis sollten nicht versuchen, irgendwas daran zu ändern. Man möge sich anpassen, die Dinge nicht so eng sehen und Kondome benutzen. Sie finden das alles vielleicht ganz furchtbar, besonders die Frauen. Aber glauben Sie uns, Sie gewöhnen sich schnell dran. Ehrlich gesagt, nach ein paar Jahren wird es sogar zum Hauptgrund, die Stadt nicht zu verlassen.

Jetzt, da wir das Thema Monogamie/Polygamie geklärt haben, erhebt sich natürlich die Frage: Ja, wie halten das die Kölner überhaupt aus? Wie können sie überhaupt auf dieser Basis Beziehungen führen? Was ist los mit denen? Haben sie keinen Sinn für die ewiglich währende Liebe? Für »Dein ist mein ganzes Herz«? Für »When a man loves a woman«? Oder wenigstens für »Ich Tarzan, du Jane«? Macht es ihnen gar nichts aus, wenn sie »betrogen« werden? Kennen sie denn gar keine Eifersucht?

Dooooooch. Schon. Trotz der ungewöhnlich zahlreichen Pärchen-Swingerclubs in und um Köln (mit übrigens durchaus akzeptablen Getränkepreisen) ist man hier auch nicht fürchterlich erpicht darauf, dass der Partner andere Menschen entsaftet. Aber für den Kölner ist das eher akademischer Natur. Warum verlangt man überhaupt Treue? Richtig: Um sich selber begehrenswert vorzukommen. Wenn dein Partner das Verlangen nach etwas erotischer Abwechslung verspürt, was sagt das über dich aus? Es geht nicht um das Gefühl, verraten zu werden. Es geht darum, dass man dadurch vor allen, die es erfahren, als unattraktiv und abgenutzt dasteht. Kölner zeigen deshalb keine Eifersucht, weil sie dadurch, also durch die Befürchtung, betrogen zu werden, die theoretische Möglichkeit einräumen würden, dass andere besser sind als sie. Und diese Möglichkeit kommt ihnen, wie wir bereits dargelegt haben, niemals in den Sinn. Kölner halten sich für unschlagbar und sind insofern nicht nur unfähig zur Selbstkritik, sondern auch zur Eifersucht.

Kölner sind nicht eifersüchtig, denn sie nehmen mögliche Konkurrenz gar nicht wahr.

Es ist logisch, dass der Mangel an Eifersucht die durchschnittliche Beziehungsdauer bei Kölnern deutlich erhöht. Eifersucht und Untreue sind die häufigsten Scheidungs- und Trennungsgründe, und wenn die größtenteils wegfallen, hat man lange Zeit immer jemanden, der einem morgens das ganze heiße Wasser wegduscht. Und das gefällt dem Kölner, der ewig gleiche Trott. Bloß keine Veränderung. So verfährt diese Stadt schon seit der Antike. Und so, wie die Stadt Köln über all die Jahrhunderte überdauert hat, so überdauern auch kölsche Bindungen über die Jahrhunderte. Okay, es sind keine Jahrhunderte, aber manchem mag es so vorkommen.

Damit das klappt, verlangt der Kölner Treue auch schon gar nicht mehr – weil er weiß, dass er dazu selber unfähig ist. Der beste Beweis dafür ist die Anhängerschaft des ehemaligen Fußballvereins 1. FC Köln. Unter Frauen kursiert ja die altbewährte Floskel, Männer könnten keiner Frau treu sein, aber dafür ein Leben lang ihrem Fußballclub. Tja, liebe Damen: die Kölner schaffen nicht einmal das.

Bei keinem Fußballverein hängt der Grad der Zuneigung und Fan-Treue so stark vom Erfolg ab wie bei dieser schrulligen Versagertruppe. Wir reden hier von einem Traditionsverein, mit Betonung auf »Tradition« und unter völliger Missachtung von »Verein«. In welcher Liga der FC auch zu dem Zeitpunkt, wo Sie dieses Buch lesen, gerade rumwurschteln mag, mit einem internationalen Wettbewerb hat er sicher nichts zu tun, stimmt's? Dabei werden Sie keinen Fan des FC finden, der Ihnen nicht aus dem Stand sämtliche großen Erfolge des Vereins runterbeten kann (keine Angst, das dauert nicht lange).

Historisch betrachtet ist der FC immer noch einer der erfolgreichsten deutschen Fußballvereine, zumindest auf nationaler Ebene. Das Selbstbewusstsein des FC-Fans speist sich also aus der Vergangenheit – so wie jede längere Beziehung. Und wie in einer Beziehung versucht der Fan krampfhaft, die Erinnerung wach zu halten. Sonst könnte man ja die Beziehung in Frage stellen, und das wäre schändlich, nicht wahr? Was wäre man dann? Ein Erfolgsfan! Die schlimmste Beleidigung für jeden Vereinsschalträger. Einer, der nur ins Stadion geht, wenn es gut läuft, und die eigene Mannschaft schon von der ersten Minute an auspfeift, wenn sich eine Krise abzeichnet. Und womöglich sogar zu einem anderen Verein überläuft, der besser dasteht. Ähnlich wie ein Mann sich in einer Beziehungskrise gleich eine jüngere Frau mit größeren Brüsten suchen würde.

Leider kann man sich des Eindrucks nicht erwehren, dass ein sehr großer Teil der FC-Fans aus Erfolgsfans besteht. So ist zum Beispiel seit Jahren eine schicksalhafte Beziehung zwischen den Zuschauerzahlen beim FC und den Zuschauerzahlen bei den Kölner Haien, der ungleich erfolgreicheren Eishockeymannschaft, zu beobachten. Wenn der FC in der Ersten Liga ist und mal gerade nicht zwanzig Spiele in Folge mit null zu zwölf verliert, können die Haie so viel gewinnen, wie sie wollen, interessiert doch kein Schwein, auch nicht die Sportpresse. Sobald es aber im Fußballerischen wieder abwärts geht und der FC wieder mal dabei ist, abzusteigen, geht ein Großteil der Fans, die vor ein paar Monaten noch den FC im Stadion bejubelt haben, schnurstracks in die Kölnarena, um dort die Haie anzufeuern. Dadurch steigern sie ihr Gefühl, in einer sportlich bedeutenden Stadt zu leben, und damit auch ihr eigenes Selbstwertgefühl.

Als die Haie 2001 Meister wurden, war das kurz nach dem Kölner SPD-Spendenskandal und dem Abstieg des 1. FC aus der Bundesliga (der übrigens nur durch die Leistungsverweigerung kölnischer Spieler zustande kam). Damals hielten einige Haie-Fans sogar ein Transparent hoch mit der Aufschrift »Ihr habt der Stadt den Stolz zurückgegeben«. Rührend, nicht wahr? Wir gehen zwar jede Wette ein, dass diese stolzen Zuschauer nicht einmal die Hälfte der Namen der

Haie-Spieler gekannt haben, aber dennoch wischt man sich unwillkürlich eine Träne aus dem Knopfloch. Die Kölnarena war auch rappelvoll - zu dieser Zeit. Ein knappes Jahr später war sie halb leer, obwohl die Haie amtierender Meister waren und gut spielten. Denn der FC hatte sich inzwischen wieder erholt und stand als Tabellenerster vor dem Wiederaufstieg - in einer schwachen, konkurrenzarmen Zweiten Liga, aber das nur am Rande. Damit fiel Eishockey als Stolz-Quelle aus, und die Kölner mussten endlich nicht mehr so tun, als fänden sie das Herumgeschlittere mit dem unsichtbaren Puck irgendwie interessant. Das RheinEnergie-Stadion ist stets nur voll, wenn der Club einen guten Lauf hat. In solchen Phasen, so selten sie auch sind, werden die Protagonisten auf der grünen Wiese wie Götter verehrt. Zwei Niederlagen später sind sie Hassobjekte, die gefälligst abschwirren sollen. So ist der FC-Fan, so ist der Kölner.

Der Kölner kann nicht treu sein und verlangt es deshalb auch von niemandem.

Das Auf und Ab im Gemüt der Kölner wird akzeptiert und sogar als liebenswert angesehen. »Haha, ja wir sind schon bescheuert«, resignieren die Kölner gut gelaunt. Ein FC-Fan, der lange dabei ist, wird sich nicht so schnell einen neuen Verein suchen. Die Hoffnung auf Besserung ist ja stets präsent, auch nach dem dritten Abstieg in Folge. Und wie steht man dann vor den anderen da? In der Zwischenzeit sucht er sich einen Zweitverein, um sich bei Laune zu halten. Das kann ein kleiner regionaler Club sein oder ein anderer Bundesligaverein, dem man sich aus irgendeinem Grund verbunden fühlt, vielleicht weil die Großeltern aus der betreffenden Stadt stammen oder so was.

Der FC-Fan reagiert also wie in einer erkalteten Beziehung: sich was nebenbei suchen, was mehr Spaß macht, ohne dass es Verpflichtungen mit sich bringt oder gar die gewohnte Beziehung zu Fall bringt. Immerhin, die Liebe ist ja immer noch etwas da, nicht mehr so stark wie früher, aber so ist das eben. Da muss man Realist sein. Es kann nicht jeder zum FC Bayern gehen. Und es kann nicht jeder mit Pamela Anderson verheiratet sein.

Was bedeutet das für den Alltag in der Beziehung? Ganz einfach: Eifersucht ist überflüssig. Der Kölner ist dermaßen vergangenheitsfixiert, dass er eine Beziehung, hat sie erst einmal eine Weile gedauert, nie mehr in Frage stellt. Und solange das Thema Eifersucht nicht zur Sprache kommt, sind alle zufrieden, und die Beziehung kann ewig dauern. Dabei spielt es gar keine Rolle, ob es Anlass zur Eifersucht gibt oder nicht. Der Kölner und die Kölnerin denken wie ein gelegentlich fremdgehender FC-Fan:

> **Solange man den Partner nicht verlassen will, kann man auch Sex mit anderen haben. Das ist kein Betrug.**

Von Natur aus ist der Mann übrigens eifersüchtiger als die Frau. Er kann ja nie sicher sein, ob das Kind, das gerade aus der Mutter geklettert ist, wirklich von ihm ist, während die Frau da wohl wenig Zweifel hat. Angeblich ist jedes zehnte Kind nicht vom offiziellen Vater. Allerdings hat angeblich auch jede zweihundertste Frau drei Brüste, deshalb wollen wir das mal nicht überbewerten. Wenn Othello in Köln gelebt hätte, hätte er seine Frau jedenfalls nicht abgemurkst. Obwohl ihm Desdemona hier vermutlich wirklich Gründe geliefert hätte – es gibt ja wohl auch nichts Frustrierenderes, als grundlos ermordet zu werden. Wir wollen nicht sagen, die Kölner seien leidenschaftslos, aber sie kanalisieren das anders. Die toben sich im Stadion aus, auf Partys und bei allen möglichen anderen Festivitäten, denn wenn es überhaupt etwas gibt, wovon der Kölner etwas versteht – und es gibt tatsächlich nur diese eine Sache – dann vom Feiern. Danach ist man für Eifersuchtsszenen einfach zu müde.

Es gibt manche Sonderlinge, die behaupten, Monogamie sei in erster Linie dazu da, den Männern zu nutzen. In einer polygamen Gesellschaft würden nämlich nur die attraktivsten, stärksten und bestverdienenden Männer überhaupt zum Zuge kommen. Das ist nun freilich Kappes. Diese Männer würden sich ja auch nur die schönsten, fruchtbarsten und blastechnisch begabtesten Frauen aussuchen. Der Rest der Menschheit würde sich eben Partner der eigenen Qualität aussuchen, so wie das auch jetzt schon passiert.

Nein, es bleibt dabei: Monogamie ist ein widernatürliches, klerikales Instrument zur Unterdrückung der Sexualität, und jeder Schritt weg von dieser überholten Angewohnheit ist ein Schritt in eine freiere, entspanntere Zukunft - ohne Herzschmerz, ohne Gewissensbisse. Die Kölner marschieren hier mutig voran, und wir alle sollten ihnen folgen.

Ich habe bis jetzt noch kein Mädchen getroffen, das zugehört hätte. Man sagt dem weiblichen Geschlecht nach, dass es sich durch Feinfühligkeit auszeichne, aber sagen Sie mal »Hör zu« zu einer Frau, schon nimmt sie es zum Anlass, selbst mit dem Sprechen zu beginnen.

P.G. WODEHOUSE

kölner haben leicht reden

Die Kölner reden gerne. Und hach, es ist wirklich eine Freude, ihnen zuzuhören, juppheissa. Es ist ja auch nicht so, als ob man eine Wahl hätte. Die Kölner sind stolz darauf, so kommunikativ zu sein. Immer wieder wird darauf verwiesen, dass man in Kölner Kneipen nie lang alleine bleibt, weil man irgendwann garantiert von jemandem angequatscht und in ein Gespräch hineingezogen wird. Geselligkeit, Offenheit, Kontaktfreude. Widerstand ist zwecklos.

Imis sind in dieser Frage gespalten. Manche, die vor allem aus dem norddeutschen Bereich kommen, finden es zumindest anfangs ganz angenehm, in Gespräche verwickelt zu werden. Sie sind neu in der Stadt und kennen keinen, da ist man dankbar, wenn man jemanden kennen lernt … anfangs.

Irgendwann fällt dem Imi dann doch auf, dass ihm die meisten seiner an sich ja irgendwo auch liebenswerten Gesprächspartner doch ein kleines bisschen total auf die Eier gehen. Letzten Endes möchte man sich doch gerne selber aussuchen, mit wem man sich unterhält, insbesondere nachdem man festgestellt hat, dass man anscheinend eine unwiderstehliche Anziehungskraft auf rotnasige Gesellen aus Kalk oder Ehrenfeld ausübt, die sich alle für verhinderte Fremdenführer und Köln-Experten halten. Dietmar Wischmeyer, der große alte Mann des Menschenhasses, beschrieb es beizeiten so: »Das sieht in etwa so aus, dass sich in einer Kölner Kaschemme wildfremde Blödiane zu dir an den Tisch setzen und mit ihrem vulgären Dialekt anspucken.« So ganz unrecht hat der Typ da nicht, muss man zugeben. Spaß macht das nicht, man fühlt sich nachgeradezu missbraucht. Vor allem, wenn die einem noch mit ihrer ganz speziellen Meinung zum Thema Asylanten (»Erst mal kastrieren, damit die sich nicht noch vermehren!«) oder Düsseldorfer (»Erst mal kastrieren, damit die sich nicht noch vermehren!«) ankommen.

Wischmeyer empfiehlt eine Abwehr-Strategie: »Wenn man ihn allerdings ärgern will, den Kölner, dann erzählt man ihm, man finde alles Kölsche total klasse: die Doofenmucke von BAP, dass jeder schwul is', den Karneval – einfach alles, aber am besten fände man das Altbier hier, das sei ja so was von schweinelecker und würde zu der Stadt passen wie Arsch auf Eimer. Spätestens dann darf man sich rühmen, einen Kölner zum Feind zu haben.« Wobei wir uns fragen, in welcher »Kölner Kaschemme« Herr Wischmeyer Altbier getrunken haben will. Aber lassen wir das.

Männer auf der ganzen Welt gehen in Kneipen, um Stress abzubauen. Alkoholgenuss und Damenbekanntschaften sind sekundär. Bei den Kölnern ist es genau umgekehrt. An erster Stelle steht der Alkohol, dann kommen die Frauen, und was übrig bleibt, hat mit Stressbewältigung nichts zu tun, zumindest nicht im klassischen Sinne. Normalerweise gehen Männer »in Ruhe einen trinken«, was bedeutet, dass es keine Notwendigkeit zum Reden gibt. Sollte ein Mann die ganze Zeit nur schweigen und vor sich hin starren, wird das respektiert. Die Männer wissen, der baut nur Stress ab.

Die Kölner sehen das jedoch anders. Wenn einer nur still dasitzt und nichts von sich gibt, stimmt mit dem was nicht. Das ist nicht normal. Der soll gefälligst mitschwadronieren über die blöde Regierung, die Benzin- und Kölschpreise, die viel zu vielen Ausländer, so wie jeder Kölner. Deshalb werden Sie auch dauernd angequatscht in den Kneipen. Die Leute glauben, Sie brauchen Hilfe. Die können sich gar nicht vorstellen, dass Sie gerne mal etwas in Ruhe gelassen werden. Zu dem Thema gibt es sogar ein sehr populäres Liedchen, in dessen Verlauf ein alter Mann gegen seinen Willen zum Alkoholgenuss genötigt wird. In Kölner Kneipen haben Sie keine ruhige Minute, Ihren Stress müssen Sie irgendwo anders loswerden, am besten bleiben Sie gleich zu Hause. Männer schotten sich ja auch normalerweise ab, wenn sie ihre Probleme verarbeiten wollen. Die Kölner selber haben keinen Stress, die erholen sich bei der Arbeit. Die Quintessenz lautet:

Labern gehört in Köln zum guten Ton.

Schön, denken jetzt die Frauen, endlich mal Männer, mit denen man sich unterhalten kann und die nicht so maulfaul sind. Moooooooment. Da haben Sie was falsch verstanden. Mit einer »Unterhaltung« hat das nämlich überhaupt nichts zu tun. Die Kölner sind nicht imstande, sich mit jemandem zu unterhalten. Und das gilt auch für die Frauen.

Mädchen fangen früher mit dem Sprechen an als Jungen. Kölnerinnen fangen angeblich schon mit dem Quasseln an, während sie den Geburtskanal runterflutschen. Und wenn sie ihren Klaps kriegen, brüllen sie nicht, sondern sagen: »Ey, isch krisch Plack« und fangen eine Diskussion über antiautoritäre Erziehung an. Und sie gewinnen die Diskussion, zumindest wenn der Geburtshelfer ein Mann ist.

Die Frau hat zwei klar definierte Sprachzentren in ihren beiden Gehirnhälften. Deshalb lernt sie Fremdsprachen leichter und kennt sich besser in Zeichensetzung und Grammatik aus (deshalb hat der Emons Verlag anscheinend auch nur weibliche Lektoren). In der kölschen Sprache nützt das freilich wenig, denn hier gibt es keine Regeln für Zeichensetzung und Grammatik, noch nicht einmal für Rechtschreibung.

Der Nachteil des weiblichen Gehirnaufbaus liegt darin, dass Frauen ihre Probleme nicht in Schubladen ablegen können, wie Männer das tun. Frauen müssen über ihre Probleme reden, um sie zu sortieren. Die Kölnerinnen übernehmen bei der Gelegenheit auch noch die Probleme all ihrer Freundinnen und von jedem, den sie kennen, reden auch über diese und ordnen sie ständig um. Es macht ihnen Spaß. Sie denken sehr sozial und empfinden sich als Kollektiv, so wie sich alle Kölner als Kollektiv empfinden. Deshalb sind die Probleme der anderen auch ihre eigenen. Und so wird über alles gelabert. Op kölsch. Wenn Sie mal mit dem Bus durch Kalk gefahren sind, und eine Einheimische von dort redet die ganze Zeit im breitesten Dialekt in ihr Handy, dann haben Sie schon mal einen Vorgeschmack darauf bekommen, was Sie erwartet, wenn Sie eine Bindung mit einer waschechten Kölnerin eingehen. Es gibt jetzt übrigens so Ohrenstöpsel aus Silikon, die können sich in solchen Fällen als sehr praktisch erweisen. Noch ein Tipp: Telefonieren Sie so wenig wie möglich mit Kölnerinnen. Das wird sonst teuer.

Mann braucht in Köln keine Angst zu haben, von Frauen mit Schweigen gestraft zu werden. Das passiert hier niemals. Man wird höchstens mit noch mehr Gequassel gestraft. Schweigen ist eine Belohnung, es ist wie Urlaub. Wirklich verliebte Kölnerinnen lassen sich von ihrem zugereisten Partner abends gerne mal den Mund mit Klebestreifen verschließen, nur um ihm zu zeigen, wie sehr sie ihn mögen.

Kölnerinnen strafen Männer mit Gequassel.

Die angeborene weibliche Neigung zur Übertreibung wohnt natürlich auch dem kölschen Weibe inne. Für Frauen ganz normal: Sie überzeichnen das Ausmaß ihrer Gefühle, um das Gespräch interessanter zu machen. Sätze wie »Ich liebe dich« oder »Ich hasse diese blöde Kuh mit ihren dämlichen Mottoliedern« bedeuten gar nicht so besonders viel. Das ist weder echte Liebe noch echter Hass, sondern eher Zuneigung beziehungsweise ästhetische Abneigung. Die Kölnerin, in ihrem Grundwesen eher einfach gestrickt, übertreibt auch deshalb, damit sie vom Kölner, der eher stoisch gestrickt ist, überhaupt wirklich bemerkt wird. Wenn sie sagen würde »Ich finde dich nett« oder »Diese alte Trulla ist ziemlich untalentiert«, dränge das gar nicht in das Bewusstsein des Mannes.

Köln ist die Stadt der Superlative, jedenfalls in den Köpfen der Eingeborenen. Wenn Sie den Kölner von einer anderen Stadt überzeugen wollen, zum Beispiel New York, dann dürfen Sie nicht sagen:

»Ja, schon, aber der Big Apple hat auch so seine Reize – der Broadway, die Carnegie Hall, die Brooklyn Bridge …« Der Kölner wird sofort antworten: »Na und? Haben wir alles auch! Millowitsch, Tanzbrunnen, die Hohenzollernbrücke, die ist sogar nachts beleuchtet …« Sie müssen in der Sprache der Kölner sprechen: »New York ist die Hauptstadt der Menschheit! Es gibt keine Stadt, die es auch nur wert ist, mit ihr in einem Atemzug genannt zu werden. Und wenn es einen New Yorker nach Köln verschlägt, wird er höchstens fragen, wie er so schnell wie möglich nach Berlin kommt.« Dann ist der Kölner erst mal sprachlos. Er wird Ihnen niemals zustimmen, aber er hat Sie wahrgenommen und Ihre Grundaussage verstanden. So müssen Sie mit Kölnern reden, und vor allem mit Frauen, denn so reden die auch mit Ihnen. Wenn Ihnen eine Kölnerin sagen will: »Ich glaube, da kann ich dir nicht zustimmen«, wird sie in etwa sagen: »Ich hack dich in Stücke und verfütter dich an die Elefanten im Zoo!« Sie haben vielleicht gemerkt: Wir übertreiben.

Kölnerinnen denken, reden und fühlen nur in Extremen.

So viel zur Frau. Männern wiederum wird ganz allgemein nachgesagt, dass sie sehr viel weniger reden als Frauen. Genauer gesagt verbraucht der Mann am Tag nur 3.000 Wörter, während die Frau locker auf 7.000 kommt. Die Sprachschwäche von Männern liegt daran, dass sie kein richtiges Sprachzentrum haben. Wurde beim Bau des Gehirns einfach vergessen, so wie die Kölner beim Bau von U-Bahnstationen die Fahrstühle vergessen. Wird schlicht als unwichtig angesehen. Männer kommunizieren viel lieber per Zeichensprache. Damit können sie fast alles regeln: noch ein Bier bestellen, andere Autofahrer beschimpfen und mit fremdländischen Prostituierten verhandeln. Mehr braucht ein Mann ja nicht.

In Köln gilt dieser Unterschied zwischen Männern und Frauen auch, allerdings in anderen Dimensionen. Aber das liegt einfach daran, dass Kölner Frauen noch mehr reden als alle anderen Frauen und deshalb auch den redseligen Kölner Mann übertreffen. Sie mögen das für unmöglich halten, aber haben Sie mal Hella von Sinnen gehört? So reden die hier alle! Nach unseren eigenen Forschungen kommt der Kölner Mann täglich auf etwa 28 Milliarden Wörter, die Kölner Frau auf 956 Phantastilliarden.

Auch die Kölner Männer reden also weniger als die Kölner Frauen, dennoch reden sie immer noch sehr viel mehr als andere Männer. Der zungenlösende Effekt des Alkohols hat hier natürlich auch einen wichtigen Anteil. Der Kölner zieht sich außerdem nie, wie der normale Mann, auf einen mentalen Felsen zurück und verfällt in brütendes Schweigen. In seinem Gemüt ist für ruhige Orte kein Platz, denn auch in Köln gibt es keine ruhigen Orte. Die geringe Anzahl an Parks und Naherholungsgebieten stört ihn nicht. Auch dass man in der Kölner Innenstadt nirgendwo ein Plätzchen zum Entspannen findet, macht ihm nichts aus. Der Lärm in den Kneipen, in denen schon tagsüber die Musik so laut wie nur irgend möglich aufgedreht wird, fällt für ihn unter die Rubrik »Stimmung«. Der Kölner mag es laut und menschenüberfüllt. Den Rückzug ins Private vollzieht er nur zum Schlafen. So ist es nicht erstaunlich, dass er auch keine Ruhe braucht, um nachzudenken. Anders als andere Männer kann der Kölner gleichzeitig reden und nachdenken, wobei das Reden stets den Schwerpunkt bildet. Das Denken erledigt man nebenbei, und zwar nach dem Trial-and-Error-Prinzip. Man faselt einfach drauflos und redet solange blödes Zeug, bis man unterbrochen wird oder den Faden verliert. Also ganz ähnlich wie bei Frauen. Im günstigsten Fall erkennt der Kölner seinen Irrtum, was sehr selten vorkommt, im schlimmsten Fall baut er ein Coloneum.

Kölner Männer können gleichzeitig denken und reden, mit Schwerpunkt auf dem Reden.

Die Veranlagung zum Nuscheln, die dem Manne innewohnt, gerät in der kölschen Sprache zum Desaster. Haben Sie mal versucht, sich mit Ihrem ur-kölschen Nachbarn zu unterhalten? Nicht so einfach, was? Sogar gebürtige jüngere Kölner blicken da oft nicht mehr so recht durch. Die alteingeborenen Kölschen verwenden die Sprache auch als Wettbewerb. Wer die meisten kölschen Ausdrücke kennt, hat gewonnen. Ähnlich wie bei Männern, die versuchen, sich gegenseitig mit Fremdwörtern zu übertrumpfen, kann einen Kölner in der Unterhaltung nichts mehr beeindrucken als ein kölscher Ausdruck, den er noch nicht kannte. Sie können sich natürlich auch selber irgendwelche Wörter ausdenken, wenn Sie mögen, das merkt kein Mensch. Es muss nur kölsch klingen. Am besten verwenden Sie verschwenderisch viele Doppel-Umlaute (»ää«, »öö« und »üü«) und kurze, abgehackte Silben, und in jedem Wort sollte mindestens ein »sch« vorkommen.

Es mag zwar sein, dass der Kölner, wie Dietmar Wischmeyer behauptet, »an der Entwicklung der Schriftsprache nicht teilgenommen hat«, aber die kölsche Sprache ist dadurch ein Spielplatz für jeden, der sich nicht so recht anfreunden kann mit Prinzipien wie Rechtschreibung und Grammatik. Und das auf professioneller Ebene. Es werden inzwischen sogar diverse Kölsch-Sprachkurse angeboten. Warum, wissen wir nicht. Wir sehen überhaupt keinen Grund, warum dieser entsetzliche Dialekt überleben sollte. Er behindert die Kölner seit Jahrhunderten in ihrer intellektuellen Entwicklung. Das muss doch mal ein Ende haben.

Es ist auf den ersten Blick merkwürdig, dass die Kölner bei ihrer Sprechverliebtheit so wenig namhafte Schriftsteller hervorgebracht haben. Heinrich Böll war zwar hier gebürtig, aber ein total untypischer Kölner – ruhig, nachdenklich, nüchtern und vor allem nüchtern. Es liegt wohl daran, dass die Kölner halt ihr ganzes Mitteilungsbedürfnis schon bei ihren Mitmenschen befriedigen und dann nichts mehr haben, das sie aufschreiben können. Leute wie der Autor dieser Zeilen, die Konversation als Zeitverschwendung erachten, haben umso mehr Material zum Schreiben. Tatsächlich sind die meisten Schriftsteller eben doch eher ruhige, zurückgezogene Menschen, die ihre Gedanken nicht ausdiskutieren, sondern drucken lassen. Auf diese Weise muss man nicht alles hundertmal wiederholen. Davon abgesehen hat es den Vorteil, dass man nicht alles hundertmal wiederholen muss. Und hundertmal wiederholen muss man es auch nicht.

Das macht dem Kölner freilich nichts aus. Die Wiederholung ist sein liebstes Stilmittel. Er sagt manchmal dreimal pro Minute dasselbe. Wahrscheinlich glaubt er, dass ihm sein Gegenüber nicht richtig zuhört, und fürwahr, sein Gefühl trügt ihn nicht. Er selber hört ja auch niemandem zu.

Psychologen sind sich einig: In einer Beziehung ist es wichtig, dass der Mann die Frau einfach quasseln lässt. Das verschafft ihr Erleichterung, und er kann Punkte sammeln als guter Zuhörer. Er muss ja nicht wirklich zuhören. Er wiederum sollte sie nicht unterbrechen mit Ratschlägen, die will sie ja gar nicht haben.

Kölner können sich deshalb gut miteinander unterhalten, weil sie sich niemals zuhören.

Bei dieser Frage, ob er seiner Frau Ratschläge erteilen soll, spielt beim Kölner dessen Rechthaberei mit seiner Faulheit Schach. Meistens gewinnt die Faulheit.

So furchtbar hilfsbereit ist er sowieso nicht, der Kölner. Fast scheint es, er lehne es grundsätzlich ab, auch nur die theoretische Möglichkeit in Betracht zu ziehen, dass es außer ihm noch andere Menschen auf diesem Planeten geben könnte. Nur in Köln haben wir bislang beobachtet, wie Menschen Pistazien und Sonnenblumenkerne essen und die Schalen und Überreste einfach auf den Boden der Straßenbahn fallen lassen. Es fällt uns schon schwer, Kindern zu verzeihen, wenn sie vor dem Einstieg in die Bahn nicht warten, bis die anderen ausgestiegen sind – in Köln machen das auch die Erwachsenen so.

Der Kölner fährt Auto wie ein Henker und bringt mehr Menschen beim Fahren um, als in irgendeiner anderen Großstadt in Deutschland umgebracht werden. Er parkt auf Radwegen und in der zweiten Reihe. Er führt seinen Kampfhund nicht an der Leine. Er raucht *bevorzugt* in Nichtraucherzonen. Er stellt sich geradezu demonstrativ mitten in Durchgängen und vor Türen auf. Von der Regel, auf Rolltreppen nur rechts zu stehen, damit die Leute links vorbeikommen, hat er noch nie gehört. Er geht auch auf schmalen Gehwegen mit riesigen geöffneten Regenschirmen entlang, auch wenn es gar nicht regnet. Überhaupt bewegt er sich nur im Zeitlupentempo fort, wodurch er alle anderen zwingt, ebenso langsam zu gehen. Er grölt besoffen mitten in der Nacht in Wohnvierteln und weckt die rechtschaffenen Menschen auf, damit alle wissen, wie gut er sich amüsiert hat. Und weil er nicht einmal Leuten hilft, die auf offener Straße überfallen werden, wurde eine Plakat-Initiative ins Leben gerufen, wo prominente Kölner zum Helfen aufforderten. »Kölner lassen keinen allein« war das Motto. Wir wollen die durchschlagende Wirkung dieser Plakate nicht in Abrede stellen, das heißt eigentlich doch, aber das führt jetzt zu weit.

Im Prinzip kann man sagen, dass der Kölner die anderen mit ihrer Scheiße in Ruhe lässt. Er drängt sich zwar gerne auf und nervt und labert, aber es kommt ihm selten in den Sinn, sich für die Belange der *anderen* zu interessieren. Es geht ihm nur um die Verbreitung seines eigenen Standpunkts.

Soziologen vertreten überdies die Auffassung, dass Männer Ratschläge erteilen, um ihr Selbstbewusstsein zu stärken. Sie wollen Ergebnisse erzielen. Aber da das Selbstbewusstsein des Kölners sowieso nicht mehr zu überbieten ist, fällt dieser Grund für die Männer in dieser Stadt flach. Sie haben es gar nicht nötig, anderen zu helfen, um sich toll vorzukommen. Sie kommen sich schon toll genug vor. Kölnern selbst Ratschläge erteilen zu wollen, ist deshalb die reinste Form der Zeitverschwendung.

Frauen wiederum geben schon von Natur aus seltener Ratschläge, und das ist auch gut so. Männer reagieren in solchen Fällen stets beleidigt, fühlen sich abgekanzelt. Da das Selbstvertrauen des Kölners aber schwer zu erschüttern ist, kann es sich die Kölnerin leisten, ihm reinzureden, und das macht sie auch. Er wiederum nimmt sich die Freiheit, ihre Ratschläge zu ignorieren, und das stört sie überhaupt nicht.

Grundsätzlich gilt: Wenn man dem anderen nicht zuhört, kann man ihm auch keine Ratschläge erteilen, denn man weiß ja gar nicht, worum es geht. Und die Kölner, wie gesagt, hören nicht zu. »Die reden einfach lieber selber. Ejal wat.« So resümiert Kabarettist

Jürgen Becker über die Rheinländer. Und: »Das kölnische Gespräch hat das Funktionsprinzip der Autobahn. Zwei Spuren. Sie müssen jetzt, während zwei reden, als Dritter auch anfangen zu reden, quasi auf dem Beschleunigungsstreifen zügig losquatschen, und sich dann in das laufende Gespräch einfädeln.«

Das ist ziemlich kompliziert, und es widerspricht vermutlich Ihren Vorstellungen von guter Kinderstube (zumindest wenn Sie ein Mann sind, Frauen kommt diese Art der Unterhaltung sogar entgegen wegen ihres natürlichen mehrspurigen Informationsaustauschs im Gehirn), aber versuchen Sie es ruhig mal. Es ist ja ganz egal, wovon Sie reden, zum Beispiel über die Frage, ob der Mann im Mond in Wirklichkeit eine Frau ist. Wichtig ist nur, dass Sie irgendwie reinkommen ins Gespräch und dann einen Konsens erzielen, so bekloppt er auch sein mag. Es geht nicht um das Erörtern von Problemen und das Entwickeln von Lösungen, es geht nur ums Labern. Sie brauchen nicht nachdenken, und Sie brauchen nicht zuhören. Besonders nicht im Gespräch mit dem Partner. Zusammengefasst:

Der Kölner interessiert sich nicht für die Probleme anderer, auch nicht für die seiner Lebensgefährtin. Er hört nicht einmal zu. Deshalb erteilt der Kölner seiner Partnerin keine Ratschläge.

Insofern ergänzen sich Kölner und Kölnerin recht gut. Sie redet gerne, und er nervt sie nicht mit Vorschlägen. Er hört zwar nicht zu, aber er kann es vortäuschen. Er redet auch gern, erwartet aber nicht, dass sie ihm zuhört, was sie auch nicht tut. Es ist perfekt. Solange beide aus Köln sind. Ist einer der Partner ein Imi, gibt es Probleme.

Eine normale Frau ist irritiert, wenn ein Mann viel redet. Er erscheint ihr bald wie ein Schaumschläger, der die Unterhaltung an sich reißt und sich nicht für das interessiert, was sie zu sagen hat. Kölner Mann und Imi-Frau haben also Schwierigkeiten. Die Kölnerin wiederum kommt zwar mit dem Imi-Mann zurecht, weil er ihr zuhört und selber nicht redet, und es ist ihr egal, wie viel er wirklich von dem mitkriegt, was sie sagt. Wenn er ihr aber Ratschläge erteilen will, kriegt sie Zustände.

Frauen mögen das per se nicht, aber Kölnerinnen ganz besonders nicht. Sie fasst Ratschläge als unbotmäßige Kritik auf. Als ob sie sich nicht selber helfen könnte! Wer will schon die Meinung hören von einem, der nicht einmal aus Köln stammt? Der soll sich mal nicht zu viel einbilden!

Das ist ein schweres Handicap für Beziehungen zwischen Imis und Kölnern. Kommunikation zwischen ihnen ist kaum möglich. Andererseits - nach einigen Jahren kommunizieren Paare ja sowieso nicht mehr miteinander, stimmt's? Insofern erledigt sich das Problem mit der Zeit von selbst. Versuchen Sie halt, sich aufeinander einzustellen.

Frauen verwechseln ihre Unfähigkeit zum logischen Denken mit einer besonderen Begabung für das Sinnliche und Übersinnliche.

FABIAN ZONK

nur jeden streit vermeiden

Vielleicht haben Sie sich mal gefragt, warum in Köln grundsätzlich alles so langsam vorangeht. Als man das Müngersdorfer Stadion gebaut hat, wurde so lange rumgetrödelt, dass Köln bei der Fußball-Weltmeisterschaft 1974 nicht zum Zuge kam. Wenn der Stadtrat irgendetwas beschließt, zum Beispiel die Einführung eines Hol-Systems beim Verpackungsmüll, dauert es häufig viele Jahre, bis das in der Verwaltung überhaupt erst mal bemerkt wird. Hochwasserschutz braucht ewig, um angeleiert zu werden, sogar wenn das Land NRW die Mittel bereitstellt. Und der Bau des Kölner Doms dauerte über ein halbes Jahrtausend. Die Kölner waren's nämlich gar nicht unzufrieden mit ihrem klerikalen Schrottplatz. Es gab keine Türme, aber das machte nichts, die Pilger kamen trotzdem zu dem Skeletthaufen in der goldenen Kiste (der übrigens in keinem Zusammenhang mit irgendwelchen Heiligen Drei Königen aus der Bibel steht), und darum ging es ja bei dem Dom überhaupt nur. Im Grunde hätte dem Kölner ein Zelt gereicht.

Der Kölner denkt nicht zielorientiert. Der Weg ist das Ziel. Egal, wie lang der Weg ist. In diesem Sinne ist Obermeisterbürger Fritz Schramma ein äußerst typischer Kölner. Er glaubt, etwas zu sagen oder anzukündigen, ist dasselbe, wie es zu tun. Wenn er sagt, er habe dieses und jenes Problem gelöst, dann glaubt er, dass es dadurch auch gelöst ist, denn er hat es ja gesagt. Er macht auch gerne Versprechungen ohne die mindeste Absicht, diese auch zu halten – die Gegenleistung kassiert er freilich im Voraus. Dann wird ihm hinterher vorgeworfen, er sei bestechlich gewesen, aber das stimmt aus seiner Sicht gar nicht: Denn er hat ja nie vorgehabt, seine Versprechen auch zu halten. Da er also keine Gegenleistung erbringen wollte, kann er auch nicht bestechlich gewesen sein. Quod erat demonstrandum, wie er als Lateinlehrer wohl sagen würde.

Diese Gleichgültigkeit gegenüber Begriffen wie »Effizienz«, »Tatkraft« oder »Durchsetzungsvermögen« ist in Köln allgegenwärtig. Ein Problem überhaupt erst mal zur Kenntnis zu nehmen, kostet die Leute hier schon gewaltige Überwindung. Und um dann eine Lösung zu erarbeiten, braucht es mehrere Menschenleben. Jedes Bauprojekt ist wie eine neue Pyramide, jeder neue Denkansatz in der Verwaltung eine Revolution. Und wenn man sich endlich durchgerungen hat, die Planungen abgeschlossen sind und alle schon ungeduldig mit den Hufen scharren, weil es jetzt auf einmal ganz, ganz schnell gehen muss – dann ist kein Geld mehr da. Na ja, geht man halt wieder nach Hause und gibt dem Land NRW die Schuld.

Aber wie kommt es, dass Köln so lahmarschig ist? Sollte man von einer Stadt mit annähernd einer Million Menschen nicht erwarten, dass sie Tempo macht, innovativ und zukunftsorientiert voranschreitet und anderen zeigt, was eine Harke ist? Wir befürchten, nein. In der kölschen Seele ist ein automatischer Bremsmechanismus eingebaut, der jede Art von Vorwärtskommen blockiert. Sollten Sie schon länger in Köln leben, ist es Ihnen bestimmt schon aufgefallen:

Die Kölner sind harmoniesüchtig.

Die streiten sich eigentlich nie über irgendetwas, zumindest nicht untereinander. Jedes Problem wird mit irgendeinem albernen Kompromiss behoben, der niemanden wirklich zufriedenstellt und langfristig mehr Schaden als Nutzen bringt. So läuft das hier. Die Kölner wollen sich einfach nicht streiten, sie können es gar nicht. Sie können protestieren, oh ja. Sie können sich beschweren. Sie können andere beschuldigen und sich selbst gegen jede Kritik verwahren. Aber das sind nur autistische Verhaltensweisen ohne Gegenspieler. Wenn es zur Konfrontation kommt, nachdem sämtliche Versuche, diese zu vermeiden, fehlgeschlagen sind, werden sie sofort butterweich. Sie wissen gar nicht, wie man auf Widerworte reagiert. Sie schalten um in den Kölsche-Gemütlichkeit-Modus, der jeden Streit unmöglich macht. Dann vergessen sie ihre angeborene Egomanie. Jede Drohung, die im Vorfeld ausgestoßen wurde, wird runtergespielt. War nicht so gemeint. Adenauers »Was geht mich mein Geschwätz von gestern an« ist eine andere Formulierung für eine der kölschesten Grundregeln:

Wenn man merkt, dass man verliert, sofort einlenken! Dann wirkt es nicht wie eine Niederlage.

Das kann einen echt in den Wahnsinn treiben. Als der Autor dieser Zeilen »Köln für Imis« verbrach, hat er sich aus dem Telefonverzeichnis austragen lassen, aus Angst vor bösen Anrufen und sinistren Gestalten in dunklen Hauseingängen, die ihn zwangsweise mit Kölsch ernähren wollten. Inzwischen steht er wieder drin, denn was soll's schon: Die Kölner sind total harmlos, die tun niemandem was. In Diskussionen, ob nun öffentlich oder privat, haben wir nie ein Wort der Kritik gehört. Jedes Argument wird sofort mit der Toleranz-Keule erschlagen. »Ich teile Ihren Standpunkt nicht, Herr Rademacher, aber ich toleriere ihn.« Es ist unerträglich. Der Kölner glaubt, andere Standpunkte schlicht nicht zur Kenntnis zu nehmen und überhaupt nicht darüber nachzudenken, sei ein Ruhmesblatt, ein Akt der Toleranz. Anders ausgedrückt, und diese Formel sollten Sie sich merken, denn sie wird Ihnen im Umgang mit Kölnern sehr oft wieder einfallen:

Der Kölner verwechselt Ignoranz mit Toleranz.

Und nach diesem Prinzip wird sich Ihre Kommunikation gestalten, wenn Sie mit einem Kölner oder einer Kölnerin eine Beziehung eingehen.

Anthropologen schreiben dem Mann gerne die Eigenschaft zu, immer Recht behalten zu wollen. Das gilt natürlich auch für den Kölner. Hier kommt jedoch verschärfend hinzu, dass der Kölner nicht einmal versucht zu erklären, warum er Recht hat. Frauen denken jetzt vielleicht »Ist ja toll, endlich keine dieser elenden Diskussionen mit verstockten Eseln, die auf ihrer blöden Meinung rumreiten«. Diese Frauen werden sich, wenn sie eine Beziehung mit einem Kölner eingegangen sind, nach den verstockten Eseln zurücksehnen. Denn diese Esel sind wenigstens noch bereit zur Diskussion! Die nehmen ihre Partnerin wenigstens noch so ernst, sie wirklich überzeugen zu wollen. Der Kölner jedoch erachtet seine Meinungen stets für so völlig unangreifbar, dass er jeden Widerspruch für schwachsinnig hält. Und wir fürchten beinahe, für Kölnerinnen gilt das Gleiche.

Wie soll ein Menschenschlag, der sich nie wirklich mit einer Streitfrage beschäftigt und dadurch auch nie versucht, die bestmögliche Lösung zu finden, stattdessen nur den kleinsten gemeinsamen Nenner, jemals irgendwas gebacken kriegen? Wir bleiben hier politisch streng neutral. Vielleicht mal abgesehen von den leicht zum absurden Humor tendierenden Freiheitlichen Demokraten haben alle Parteien in Köln mal gute, mal schlechte Ideen. Und die schlechten setzen sich durch. Die guten sind nämlich nach kölschem Gefühl zu radikal, besonders wenn sie schnell umgesetzt werden. Da haben die Kölner einfach Angst vor. Was, wenn es nicht funktioniert? Und da wir hier in Köln sind, ist diese Angst sogar berechtigt.

Man sollte immer sofort misstrauisch werden, wenn irgendetwas auffällig schnell zustande kommt. Der Bau der Kölnarena wäre so ein Beispiel. Das ging ziemlich flott, weil sowohl die Kölner Politik als auch der Kölner Geldadel heftigst dafür trommelten. Und schon nach ein paar Jahren war sie fäddisch, die größte Mehrzweckveranstaltungshalle in Deutschland. Der Stolz der Kölner währte nur ein paar Monate. Dann stellte sich heraus, dass der Laden hochdefizitär war und noch sehr lange bleiben würde.

Inzwischen ist bekannt, dass die Arena nur der Coup einer Art kölschen Bau-Mafia war, die aus einflussreichen Investoren und ein paar halbseidenen Kommunalpolitikern bestand. Zum Schaden der Stadt verdiente man sich einen goldenen Rüssel. Und bemerkt wurde es erst, als es viel zu spät war. In solchen Ausnahmefällen, bei denen die Trägheit des kölschen Verstandes schamlos ausgenutzt wird, indem man ihn einfach überrollt, ist man fast geneigt zu sagen, da sollen sich die Kölner lieber ihr Schildkröten-Gemüt bewahren.

Manche Therapeuten raten Paaren ja auch, jeden Streit zu vermeiden. Aber die haben keine Ahnung. Natürlich sollte man darauf achten, einander nicht zu verletzen. Sätze wie »Wenn du nur halb so viel Mann wie dein Bruder wärst, hätten wir ein viel größeres Haus und einen viel größeren Wagen und viel klügere Kinder« sollten nicht fallen, auch nicht »Deine Schwester ist im Bett viel besser als du«. Da liegt kein Segen drauf, das ist so weit klar. Auch wenn's stimmt.

Männer und Frauen sind viel zu unterschiedlich, um sich immer zu vertragen. Wenn sie es doch tun, ist das abnormal, pervers, einfach krank! Aber in Köln wird sich nicht gestritten. Es ist kein Zufall, dass Köln die erste deutsche (Beinahe-)Millionenstadt ist, die in den Genuss einer schwarz-grünen Regierung kam. Ideologie spielt hier einfach keine Rolle. Natürlich ist es in einer politischen Zusammenarbeit anders als in einer Beziehung; man kann Streitpunkten nicht ausweichen, man muss sie diskutieren. Aber die Kölner Politiker fühlen sich grundsätzlich zum Kompromiss verpflichtet, nicht der Bedienung ihrer Klientel.

Das ist eine der positiven Seiten der kölschen Mentalität, freilich hat diese Denkweise auch Nachteile. Es gibt eben häufig Punkte, die keinen Kompromiss brauchen, sondern eine mutige Entscheidung. Und so etwas findet in Köln nicht statt. Da muss schon eine Haushaltsnotlage her, um längst fällige Reformen anzugehen. Eine Notlage, die ohne die vorherige Kompromiss-Manie vielleicht gar nicht entstanden wäre.

Und so funktioniert auch die Kölner Beziehung. Die kann sich im Ernstfall locker über fünfzig Jahre hinziehen, ohne dass ein Partner dem anderen sagt, was ihn alles an ihm ankotzt. Eine Kölner Beziehung ist wie kalter Krieg. Es gibt ständig Konflikte, aber sie werden einfach nicht offen ausgetragen. Es wird über Meinungsverschiedenheiten nicht gestritten, sie werden nicht einmal erwähnt.

Bevor wir's vergessen: Das alles gilt auch für die Frau. Eine echte Kölnerin nörgelt nicht. Sätze wie »Du wolltest doch den Müll runterbringen« fallen selten. Der Müll bleibt einfach stehen. In Extremfällen wird der Müllbeutel drei Wochen im Flur stehen und sich allmählich in eine Lebensform verwandeln, aber die Frau wird den Mann nicht darauf aufmerksam machen. Schließlich weiß er ja, dass er dran ist mit dem Müll, also ist das Problem rein technisch betrachtet gar nicht existent. In der Theorie hat der Mann den Müll runtergebracht. Dass der immer noch da ist, kann ja an und für sich nicht sein, also ist es auch nicht so. Der Mann wird sich der Sache natürlich erst annehmen, wenn das Problem so groß geworden ist, dass es nicht mehr anders geht.

Kölsche Frauen nörgeln nicht, einfach weil sie dafür keinen Anlass erkennen können. Der Mann ist herzkrank und frisst trotzdem jeden Tag Blutwurst und Jägerschnitzel? Ja, aber er weiß ja schließlich, dass er das nicht darf, also braucht sie es ihm auch nicht zu sagen. Sollte er irgendwann tot umfallen, wundert sie sich: Warum hat er denn nicht auf sein Herz geachtet? Wenn der Mann seine häuslichen respektive ehelichen Pflichten nicht erfüllt, schaltet sofort die Nörgel-Weiche im Gehirn der Kölnerin um auf eine extrem wichtige kölsche Allround-Formel:

Et hätt noch immer jot jejange.

Das ist so ziemlich die beliebteste Kölner Ausrede für jede Art von Problem. So denkt man wahrscheinlich, wenn man in einer Stadt lebt, die zwei Jahrtausende und alle möglichen Besatzungen überdauert hat und trotzdem noch existiert. Da glaubt man einfach irgendwann, dass sich jedes Problem von alleine löst.

Ein beliebtes Nörgel-Thema ist ja auch der Verweis auf andere, bei denen es besser läuft. Das gibt es nicht für Kölnerinnen. Anderen geht es nicht besser. Schließlich lebt man in der tollsten Stadt der Welt, und da spielt es keine Rolle, ob andere vielleicht mehr verdienen oder schöner wohnen oder sämtliche erforderlichen Chromosomen besitzen. Eine Kölnerin findet es geradezu vermessen, ihre Lebensumstände zu kritisieren. Das wäre nichts als Undankbarkeit. Man kann so eine Frau in einen Müllcontainer einpferchen und mit Labskaus füttern, sie wird sich trotzdem nicht beschweren, denn der Container steht ja in Colonia.

Weibliche Imis, die an ihren kölschen Partnern herumnörgeln, erreichen damit gar nichts. Das »selektive Hörvermögen«, an dem jeder Mann leidet, ist bei den Kölnern noch viel deutlicher ausgeprägt. Der Historiker Carl Dietmar beschreibt das so: »Was außerhalb der Stadtgrenze passiert oder gesagt wird, interessiert in der Regel kaum jemanden - es sei denn, es ist positiv: Wenn etwa in der Kirchenzeitung von St. Paul in Minneapolis die Kölner Verkehrsbetriebe ob ihrer umfassenden Kundenfreundlichkeit gelobt werden, wird der Artikel einige Tage später in irgendeinem Kölner Blatt zitiert.« Diese Einstellung wird nun im Kopf des Kölner Mannes mit dessen einspurigem männlichen Gehirn kombiniert, und fertig ist die Positiv-Filtermaschine.

Wir nennen mal selbst ein Beispiel. Am 21. Februar 2003 brachte der Kölner Stadt-Anzeiger folgende Meldung im Lokalteil:

Kölnisch Wasser löste Alarm aus

Ein Kölner Exportschlager hat auf dem Philadelphia International Airport (USA) Terroralarm ausgelöst. An der Sicherheitsschleuse hatten Flughafenmitarbeiter einen 22-jährigen Araber aufgehalten, weil er eine Ampulle mit einer duftenden Flüssigkeit bei sich trug. Dem Studenten unterlief ein folgenschwerer Fehler: Um zu demonstrieren, dass es sich bloß um ein harmloses Parfüm handelte, nebelte er sich und drei Sicherheitsangestellte mit dem Spray ein. Daraufhin wurde der Fluggast festgenommen, der Bereich großräumig evakuiert, die vier Männer unter Quarantäne gestellt.

Eine Spezialeinheit für Biowaffen rückte an, das FBI schickte Experten der Anti-Terror-Einheit zum Flughafen, Krankenhäuser in der Umgebung wurden vorsorglich informiert. Erst sechs Stunden später gaben die Gefahrstoffexperten Entwarnung: Das vermeintliche Giftgas konnte einwandfrei als Kölnisch Wasser identifiziert werden. Während der Student seine Reise nach Beirut fortsetzen durfte, wischte sich Philadelphias Polizeichef den Schweiß von der Stirn. Der Tageszeitung »Philadelphia Inquirer« sagte Charles Temparali: »Er hätte besser nicht gesprüht. Das war eine ganz schlechte Entscheidung.«

Es ist schwer zu sagen, was man an dieser drolligen Geschichte am komischsten finden soll. Die drei Sicherheitsleute, die in Panik geraten, wenn man sie mit Parfüm einnebelt? Das FBI, das sofort eine Anti-Terror-Einheit losschickt? Oder doch die Tatsache, dass die Gefahrstoffexperten sechs Stunden brauchen, um Kölnisch Wasser von Giftgas zu unterscheiden? Nicht so lustig ist der offensichtlich manische Rassismus der Beamten, die bei einem jungen Araber automatisch annehmen, er begehe ein Selbstmordattentat, indem er sich mit Parfüm einsprüht.

Aber darum ging es dem Stadt-Anzeiger ja gar nicht, als er diesen Artikel brachte. Es ging viel mehr um die Wendung »Kölner Exportschlager« und den Hinweis darauf, dass sogar arabische Studenten im gelobten Land Amerika Kölnisch Wasser benutzen. Dass der Artikel insgesamt einen wenig schmeichelhaften Grundton gegenüber dem Exportschlager einschlug, störte die Redaktion wohl nicht, oder sie hat das gar nicht bemerkt. Es ist schon lustig, wenn eine Begebenheit, die sich in Philadelphia abspielte, sich im Lokalteil einer Kölner Zeitung wiederfindet. Aber wenn es darum geht, auf irgendeine – wenn auch noch so bizarre – Weise Kölns Ruhm als international bekannte Metropole zu besingen, kennt man hier weder Logik noch guten Geschmack.

Kölner hören nur, was sie hören wollen.

So viel zum Thema »selektives Hörvermögen«. Aber der Kölner kann noch mehr: Er ist sogar imstande, kritische Worte als Komplimente zu verstehen. Im Rahmen des Prozesses zur Leitbildfindung Köln 2020 wurde eine ungeheuer witzige und hinreißend sinnlose Studie erstellt, die herausfinden wollte, wie Köln von außen wahrgenommen wird.

Es war urkomisch. Den Menschen außerhalb Kölns wurden Fragebögen gegeben, auf denen sie ankreuzen sollten, welche positiven Eigenschaften Köln ihrer Meinung nach hat. Sie haben richtig gelesen: Positive Eigenschaften. Nach negativen wurde gar nicht erst gefragt. So wurde mit dieser Studie von vornherein ausgeschlossen, dass sich ein negatives Gesamtbild ergeben könnte. Es gab lediglich eine Schwerpunktverteilung bei den Lobpreisungen. So funktioniert der Kölner Verstand, wenn es um Kritik geht. Und so denkt der Kölner auch, wenn an ihm genörgelt wird. Die Kölnerin spart sich ihren Atem, und die Imi-Frau redet sich den Mund fusselig.

Apropos Nörgeln. Es gibt ja noch eine verschärfte Form, und auch über die muss geredet werden. Es geht um salzigen Flüssigkeitsausstoß. Ganz genau: Tränen. Frauen weinen dreimal so viel wie Männer. Nicht so in Köln.

Die Grundlagen sind natürlich dieselben wie überall auf der Welt. Während Männer nur heulen, wenn ihr Lieblingsverein absteigt oder ihr Hund überfahren wird, öffnen Frauen ihren Tränenkanal in erster Linie, um den Partner emotional zu erpressen. Der Kerl soll ein schlechtes Gewissen bekommen für das, was er ihr angetan hat, beispielsweise den Hochzeitstag vergessen (der Psychologe spricht da von »Verdrängung«), ihr Äußeres kritisieren oder ins Waschbecken pinkeln. Diese Kleinigkeiten des Alltags halt.

Dinge, die dem Mann überhaupt nicht schlimm vorkommen, sind der Frau willkommener Anlass, sich durch das Absondern einer Körperflüssigkeit einen moralischen Vorteil zu verschaffen, beziehungsweise im weiteren Verlauf ein neues Auto. Der Mann kommt sich vor wie ein Mann, also wie der letzte Dreck, und willigt in alles ein, was die Salzwasser-Spritzpistole fordert. So weit, so bekannt. Dem reibungslosen Ablauf dieses Schemas stehen in Köln jedoch zwei Faktoren gegenüber:

1. Kölner sind zur Fröhlichkeit verdammt.
2. Kölner bekommen selten ein schlechtes Gewissen.

Kölnerinnen weinen weniger als andere Frauen. Sie haben zum Heulen einfach keine Zeit, weil sie eigentlich ununterbrochen damit beschäftigt sind, irgendwo irgendwas zu feiern. Ob das nun Karneval ist oder einer der üblichen Feiertage oder irgendein Jubiläum (für den Kölner ist alles, was durch fünf und durch elf teilbar ist, ein Jubiläum).

Halloween hat sich in Köln schneller durchgesetzt als irgendwo sonst, der »Europride« ist zwar nicht der einzige, aber einer der größten Schwulen-Umzüge Europas, und jedes Mal, wenn die Love Parade in Berlin in finanziellen Schwierigkeiten steckt, wird von der Lokalpresse sofort die Forderung forciert, man möge die Techno-Party doch nach Kölle verlegen. Dies dann auch unter völliger Ignorierung der Tatsache, dass Köln dafür weder das Geld noch den Platz hat. Aber das juckt ja keinen – Hauptsache, Köln kann sich wieder als Party-Stadt feiern. Und in einer solchen Stadt wird eben weniger geflennt. Nein, ständig muss »Stimmung« herrschen, es wird gesungen, geschunkelt, gelacht. Köln ist für Depressive nicht geeignet.

Die Kölnerin weint selten, sie ist zu beschäftigt mit Fröhlichsein.

Letzten Endes ist manipulatives Weinen natürlich etwas Aggressives. Es ist eine Drohung, man werde unter Schuldgefühlen leiden, wenn man sich nicht fügt. Aber die Kölner sind nicht aggressiv, noch nicht einmal passiv-aggressiv. Das ist denen schon viel zu kompliziert, zu subtil. Die Kölnerin heult wirklich nur, wenn sie traurig ist.

Sollten Sie also eine Partnerin haben, die hier geboren wurde, und sie entdecken sie beim Weinen – um Himmels willen, nehmen Sie sie sofort in den Arm und trösten Sie sie, die Frau hat wirklich eine Krise.

Jetzt kommt das Paradoxe. Im Tierreich sind es nur Seehunde und Seeotter, die aus Kummer weinen. Die Ähnlichkeit des typischen schnauzbärtigen Ur-Kölschen mit einem Seeotter (vgl. Millowitsch, Pütz) kommt einem da schnell in den Sinn. Es ist tatsächlich so: Der Kölner Mann weint relativ häufig.

Wie kommt das? Gilt für ihn denn das Fröhlichkeitsgebot nicht? Geht nicht auch er ständig feiern? Ist er nicht noch viel besoffener als andere Männer? Ist er nicht, kurz und gut, eine Pottsau? Aber ja doch. Und der Kölner ist glücklich in seinem Delirium. Das Problem ist freilich: Im Gegensatz zu den Frauen – und hier sprechen wir keine frauenfeindliche Ungeheuerlichkeit aus, sondern eine statistische Tatsache – müssen Männer ja auch zur Arbeit gehen. Und da erwartet ihn der Ernst des Lebens. Er versucht zwar, diesen Ernst durch ein Maximum an Arbeitsverweigerung abzufedern. Das gelingt aber nicht vollständig. Er will wieder ganz schnell zurück in die Kneipe. Da will er immer sein. Und er ist unglücklich, wenn er nicht dort sein kann. Deswegen wird er nicht von morgens bis abends heulen, nein, nein. Der steht das irgendwie durch. Aber wenn er dann abends am Tresen steht, hat er erst einmal seinen Melancholischen. Ein Kölner, der bei den ersten ein, zwei Kölsch ist, ist nicht fröhlich. Bis zu diesem Zeitpunkt war der Tagesverlauf ein Jammertal. Es kommt ihm alles so unwirklich vor, sein ganzes Leben ist einfach irgendwie falsch, wenn er nicht feiert. Und es deprimiert ihn, dass er morgen wieder zur Arbeit muss. Warum kann er nicht immer hier sein? Es ist zum Heulen. Und das tut er dann auch, speziell wenn noch weitere tieftraurige Faktoren hinzukommen, wie der 1. FC Köln, Fortuna Köln, die Benzinpreise, die Leberzirrhose und so weiter. Er blickt in den Abgrund. Und dann bestellt er noch ein Kölsch. Und noch eins. Und noch eins. Und dann geht das Feiern los!

Kölner weinen häufiger, um den Wechsel zwischen Alltag und Feiern zu verkraften.

Die Italiener weinen übrigens laut einer Untersuchung am häufigsten, nämlich zweieinhalbmal im Monat. Und da Köln ja gerne als »nördlichste Stadt Italiens« gebrandmarkt wird, macht es für die Kölner Sinn, viel zu flennen. Übrigens wird Südländern von der Wissenschaft auch die geringste Potenz bescheinigt, aber das nur am Rande.

Normalerweise wird Männern ja gesagt: Hör auf zu heulen! Männer weinen nicht! Aber das klappt nicht so recht bei den Kölnern. Diese Stadt ist zwar altmodisch bis unter die Domspitzen, das Patriarchat hat von einem angeblichen Feminismus nichts mitgekriegt und wird das auch nie. Trotzdem sind die Kölner schizophrenerweise keine Machos. Dafür sind sie einfach zu zart besaitet, man könnte fast sagen: zu schwul. Und das gilt auch für die Heteros. Den hochsensiblen New-Age-Mann gibt es hier freilich auch nicht, allerhöchstens in der links-alternativen Szene, und diese körnerfressenden Anti-Alkoholiker sind hier sowieso größtenteils zugereiste Fremdkörper.

Der Kölner geht nicht auf Selbstfindungsseminare. Da darf man nämlich nichts trinken. Nein, der Kölner ist mehr so was wie ein tierlieber Brummi-Fahrer, jetzt mal extrem grob zusammengefasst. Er hat seine Gefühle, lebt sie auch aus, aber er steigert sich nicht hinein und macht stattdessen auf gemütlich. Für viele Frauen eine durchaus angenehme Vorstellung. Insofern mal ein Pluspunkt für die Männer der Stadt.

Dies hilft natürlich im Partnerschaftsbereich nicht weiter. Das Problem des weiblichen Nörgelns und Weinens mag geringer sein in Köln, aber das verstärkt nur das Problem der Kommunikationsstörung zwischen Mann und Frau. Er denkt: Wenn sie nie nörgelt oder heult, ist alles bestens. Und sie denkt: Solange wir uns nicht streiten, ist alles bestens. So leben diese zwei Menschen aneinander vorbei, und zwar jahrzehntelang. So wie die ganze Stadt nur so vor sich hintreibt, antriebslos, routiniert, ohne Ziel. Ist natürlich auch eine Art Leben, und vielleicht ist es sogar ganz gut so, dass der Kölner unfähig ist zu diskutieren. Sollten die Leute in dieser Stadt jemals anfangen, sich wirklich mit ihren Problemen auseinander zu setzen, könnte die Welt einstürzen.

Man würde vermutlich zu dem Schluss kommen, dass Karneval einfach nur eine Beleidigung des menschlichen Verstandes ist, der nichts Produktives erwirtschaftet außer Kinderalkoholismus, hygienischen Zuständen auf Gulag-Niveau und einem grauenerregenden Zerfall zwischenmenschlicher Verhaltensregeln. Man müsste ihn abschaffen. In der Wirtschaft würde Düsseldorf als Vorbild angesehen werden müssen, dem man nacheifern sollte. Beim 1. FC Köln kehrte eine Arbeitsmoral ein, die auf Leistungswillen und Disziplin basiert. Die Kölsch-Brauereien müssten schließen, weil niemand ihr Gesöff mehr trinken mag. Die Innenstadt würde verkehrsberuhigt, und die Autofahrer müssten mehrere hundert Meter am Stück laufen. Eine funktionierende Abfall-Entsorgung würde aufgebaut, und der Kölner würde ein schlechtes Gewissen entwickeln, wenn er etwas auf die Straße wirft.

In den Kölner Zeitungen fände richtiger Journalismus statt. Die Kölner Kulturförderung würde Qualität belohnen und schlechte Arbeit bestrafen. Im Rechtsrheinischen würden Arbeitsplätze entstehen, wodurch sich allmählich eine Gleichberechtigung beider Rheinseiten ergäbe. Die Kölner Politiker würden Probleme lösen. Der Oberbürgermeister würde zurücktreten. Klüngel würde sanktioniert, bestraft und langfristig abgeschafft. Die KVB würde einen realitätsnahen Fahrplan aufstellen, Schäden im System vermeiden und pünktlich werden. Um es auf den Punkt zu bringen: Wenn der Kölner anfangen würde, sein Gehirn zu benutzen, wäre Köln nicht mehr Köln.

sex
mit kölnern

Wir gratulieren Ihnen! Kaum haben Sie das Buch in Händen, blättern Sie auch sofort zu diesem Kapitel. So ähnlich lesen Frauen Liebesromane, genau wie Schüler im Duden die bösen, unanständigen Wörter kichernd nachschlagen. Wir bewundern wirklich Ihren Optimismus. Aber Sie haben keinen Porno gekauft, sorry. Wofür halten Sie uns eigentlich? Nur weil der Autor dieser Zeilen seine Karriere als Drehbuchautor von »Rudelbumsen in Südtirol« gestartet hat, heißt das ja wohl noch lange nicht ... Ähem. Streichen Sie das.

Männer wollen mit einer Frau schlafen.
Dann wollen sie mit einer anderen Frau schlafen.
Und dann mit der nächsten. Dann wollen sie
Cornflakes essen und eine Runde pofen,
und dann wollen sie mit einer anderen Frau schlafen,
und wieder einer anderen, bis sie nicht mehr
ins Bett, sondern in die Kiste hüpfen.

HUGH LAURIE

kölner sind sexbesessen, kölnerinnen nicht

na ja, so ist es eben. Ist ja keine revolutionäre These. Männer sind allzeit bereit, zumindest bis zu einem bestimmten Alter. Dass dies bei den Kölnern noch krasser ist, hat mehrere Gründe.

Wir könnten jetzt polemisieren und auf eine Untersuchung verweisen, die nachgewiesen hat, dass Männer desto weniger Sex wollen, je intelligenter sie sind. Die gibt es wirklich. »Dumm fickt gut« ist ja ein altbekannter Spruch zu dem Thema. Wir jedoch finden: Beim Ficken ist jeder Mann dumm. Der Kopf hat beim Sex einfach was anderes an den Hacken, seine linke Gehirnhälfte ist lahm gelegt. Fragen Sie einen Mathematikprofessor mittendrin nach der Quadratwurzel aus 64 – er wird ein Weilchen brauchen. Wir behaupten also nicht, dass die Kölner mehr Sex haben beziehungsweise wollen, weil sie irgendwie 'n Stück weit doof sind. Nein. Das eine hat mit dem anderen überhaupt nichts zu tun.

Männer können nichts dafür. Genetisch bedingt müssen sie für die Erhaltung der Spezies sorgen, bevor sie von Dinosauriern gefressen werden. Das gilt auch heute noch, vielleicht mal abgesehen von der Sache mit den Dinosauriern. In moderner Version könnte man sagen: Männer müssen ihr Erbgut unters Volk bringen, bevor sie einen Herzinfarkt haben. Und in kölscher Version heißt es:

Männer müssen sich fortpflanzen, bevor sie bei einem Autounfall draufgehen.

Das ist bei jungen Männern in Köln inzwischen die häufigste Todesursache. Auf den Straßen Kölns ist der Tod zu Hause. Es riecht überall nach verbranntem, verwesendem Fleisch. Na gut, das kann auch an den Dönerbuden liegen, aber lassen wir das. Wichtig ist: Der Kölner weiß, dass er stets in Todesgefahr schwebt, wenn er unterwegs ist. Die Kölner fahren sehr gerne Auto, aber leider nicht besonders gut. Am schlimmsten ist ihre unglückselige Tendenz, im Schnitt achtzig Stundenkilometer schneller zu fahren als erlaubt. Darin wird der Kölner von der Politik gerne ermutigt, indem Starenkästen verhangen werden und ständig die Heraufsetzung von Tempolimits diskutiert wird. Fortlaufend bestätigt man den Kölner Autofahrer in dessen absurder Auffassung, Köln sei schrecklich autofeindlich, und die Autofahrer würden gegängelt, das Parken sei viel zu teuer respektive räumlich unmöglich und so weiter.

Es stimmt: Autofahren in Köln macht wenig Spaß, aber das liegt daran, dass Köln *zu* autofreundlich ist. Man hat dem Auto Priorität eingeräumt vor jedem Fortbewegungsmittel, inklusive der Füße. Die Verkehrspolitik lässt sich so zusammenfassen: Niemand soll auch nur einen Schritt mehr gehen als nötig. Das Ergebnis ist ein beinahe undurchdringlicher Straßendschungel. Überall lauern Gefahren und Hindernisse in Gestalt von Ampeln, Politessen und Parkverbotsschildern. Die Beute, vulgo Parkplätze, ist streng dezimiert, und die Zahl der Jäger nimmt ständig zu. Der natürliche Feind, der Radfahrer, hat in diesem Dschungel natürliche Vorteile, die er schamlos ausnutzt. Grob gesagt:

Der Kölner Autofahrer kämpft jeden Tag in einer feindlichen Wildnis ums nackte Überleben.

Der Kölner Autofahrer ist kein Mensch mehr. Wir reden hier von ganz normalen Leuten, auch von Imis, die sich sonst relativ gesittet verhalten. Aber sobald sie hinterm Steuer sitzen und sich durch die Kölner City quälen, legen sie die dünne Hautschicht, die man Zivilisation nennt, ab. Es ist, als wären sie wieder Neandertaler. Ihre primitivsten Instinkte werden geweckt. In ihrem Kopf trommelt ein Stakkato: Fleisch! Parkplätze! Fleisch! Grüne Ampel! Fleisch! Wehrloser Radfahrer! Fleisch!

Bei manchen kann man schon fast erkennen, wie ihnen eine Stirnwulst wächst. Der wesentliche Unterschied zu früher besteht allerdings darin, dass der Kölner Jäger kein Herdentier ist, sondern ein Einzelkämpfer. Alle anderen Autofahrer sind Gegner, Konkurrenten. Sie werden angehupt, angepöbelt, beschimpft, bespuckt, beleidigt, zusammengeschlagen, niedergestochen und erschossen. Letzteres ist keine Übertreibung: Im Oktober 2003 kam es im Zuge eines Parkplatzstreits tatsächlich zu einer Schießerei. Kölsche Gemütlichkeit hört immer dann auf, wenn ein Autofahrer sein Revier verteidigt.

Die Rückverwandlung in einen Steinzeitmenschen durch den Autoverkehr nimmt immer mehr Einfluss auf das Sozialverhalten der Kölner. Es reicht schon, wenn man mit ihm über das Thema nur redet. Er kann bei jedem Thema die Ruhe bewahren und schwere Kontroversen mit seinem leutseligen Gleichmut wegwischen, aber beim Thema Auto, da rastet er aus. Sein Puls rast, das Testosteron quillt über, die Nerven sind angespannt, das Gehirn schaltet auf Notversorgung um. Die Metamorphose in eine primitive Lebensform ist abgeschlossen. Und das macht sich unter anderem auch beim Geschlechtstrieb bemerkbar.

Dieser Trieb muss äußerst zielstrebig sein, um Erfolg zu haben. Es darf keine Ablenkung geben, auch in äußerster Gefahr muss der Mann fähig zum Sex sein. Und an jedem Ort, der sich anbietet. Der Kölner ist ständig in Panik, der nächste Sex könnte sein letzter sein, denn draußen auf den Straßen sind Raubtiere und andere Feinde, die ihn erledigen wollen. Deshalb ist er ständig auf der Pirsch.

Die Verbindungen zwischen dem Auto und Sex sind beim Kölner ohnehin nicht zu übersehen. Zum einen dient dem Kölner sein Wagen natürlich als Bräute-Magnet, wenn wir mal diesen unverzeihlich schäbigen Ausdruck gebrauchen dürfen. Er ist zwar zutreffend, aber schäbig. Die Kölner Ringe und einige ihrer Seitenstraßen dienen jungen bis mittelalten Männern als eine Art Präsentationsmeile für ihre Wagen. Grenzdebile Hominiden, die sich in Hungerjobs kaputtschuften, um sich ein BMW Cabrio über Kredit mit Laufzeiten bis in die nächste Eiszeit finanzieren zu können, fahren dort entlang, mit aufgedrehter Musik und lautstarkem Gejohle.

Sinn und Zweck dieser Performance ist es, junge Damen, die sich dort aufhalten, auf den Umstand aufmerksam zu machen, dass sie, die Insassen der Autos, geil sind. Schön ist das nicht. Aber sie müssen doch irgendwie auffallen. Und in der Denkweise von Kölnern ist das Auto immer noch das bedeutendste Statussymbol. Es beweist: Ich bin der Größte, denn ich verschulde mich hoffnungslos, nur um an Weiber ranzukommen.

Michael Schumacher wird in Köln mehr verehrt als irgendwo sonst. Sein Heimatdorf Kerpen mag zwar nicht wirklich zu Köln gehören, aber wenn es darum geht, positive Errungenschaften für die Stadt zu reklamieren, werden Kölns Grenzen gerne mal aufgeweicht. So gehört Kerpen in den Augen vieler Kölner zu Köln, Höhenberg-Vingst dagegen nicht. Ist eine Frage der Betrachtungsweise. Jedenfalls ahmt der Kölner die spezielle Fahrweise, die Schumacher bei seinen Rennfahrten praktiziert, sehr gerne auf Kölns Straßen und Autobahnen nach. Und wenn Sie mal erlebt haben, mit welcher Leidenschaft sich Kölner ein Formel-1-Rennen ansehen, kommt Ihnen sehr schnell der Gedanke, dass hier auch Sex eine Rolle spielt.

Wenn Michael Schumacher als Erster über die Ziellinie zischt, kriegt der Kölner einen Orgasmus. Jedenfalls macht er so ein Gesicht. Und dann strahlt er, dass ein Quasi-Kölner wieder mal als der Oberklops gilt. Als der größte Autofahrer. Das lässt ihn glauben, dass auch er selbst, der normale Kölner, das schaffen könnte, wenn er nur genug trainieren würde. Es liegt in den Genen des Kölners, super Auto fahren zu können, so sein Wahn. Und das bedeutet in letzter Konsequenz: Der Kölner ist der beste Liebhaber. Denn Autofahren und Sex ist praktisch dasselbe.

Für Kölner gibt es einen direkten Zusammenhang zwischen dem Auto und dem Geschlechtstrieb.

Dies sorgt letzten Endes für einen gesteigerten Sexualtrieb. Hinzu kommt noch das furchtbare Gefühl des Versagens, wenn man mal wieder keinen Parkplatz oder Schleichweg findet – oder sich womöglich sogar verfahren hat. Dieses Gefühl muss er kompensieren, indem er seinen Erfolg bei Frauen testet. Stehen die Weiber noch auf mich, auch wenn ich länger als fünf Minuten bis zu meinem Auto brauche? Der überlegene Kölner muss stets und ständig beweisen, dass er seine Stadt in- und auswendig kennt, dass die Straßen ihm gehören und er alles unter Kontrolle hat. Das hat er natürlich nicht, jeder Kölner Autofahrer ist ein Opfer. Aber er ist es freiwillig.

Fußgängern geht es nicht viel besser. Zumindest kommt man in dem Gewühl in der City in nächste Berührung mit vielen, vielen, vielen, vielen, vielen anderen Menschen. Eng gedrängt zwängt sich eine dichte Masse aus frustrierten, hochgestressten Menschen durch die schmalen Gassen. Körperkontakt mit Menschen anderen Geschlechts ist kaum zu verhindern, was natürlich auch den Sexualtrieb anregt. Es gibt immer noch attraktive Frauen in Kölle, und das fällt einem im Sommer doch auf, speziell eben in der Innenstadt, wo sie dem Mann ständig vor die Nase gehalten werden, beziehungsweise vor andere Organe.

Die Schildergasse ist die am stärksten frequentierte Einkaufsmeile Deutschlands, obwohl dort nichts rumsteht als die üblichen Filialen und ab und zu eine gigantische Bauruine. Was die Händler jubeln lässt, ist für die Kunden der Untergang des Abendlandes. Der Dschungel-Faktor, der im Straßenverkehr erzeugt wird, wird übergangslos im Fußgängerbereich fortgesetzt. Wieder ist er da, dieser

Trieb, diesmal mit anderen Grundelementen: Fleisch! Einkäufe! Fleisch! Sonderangebote! Fleisch! Weiber! Fleisch!

Der Sexualtrieb der Frauen ist nicht schwächer als der der Männer (das ergäbe ja auch keinen Sinn), aber er besteht aus anderen Komponenten. Viele moderne Frauen haben heutzutage das Gefühl, sie wären irgendwie nicht geil genug. Sex wird immer noch als etwas dargestellt, was unabdingbar ist für ein glückliches Leben. Und damit nicht genug, der Sex muss auch toll sein, phänomenal, ein Erdbeben mit 12,5 auf der Richterskala. Wenn die Frau nicht jeden Tag Sex will, stimmt was nicht mit ihr. Hat die denn noch nie einen Porno gesehen? Oder wenigstens eine Daily Soap? Da treiben die Weiber es doch mit jedem, also ist das auch normal, korrekt? Und wenn eine Frau sagt, sie habe gar nicht so ein Interesse am Sex, soll sie gefälligst zum Arzt gehen! Oder zu einem Callboy, kommt drauf an, was für eine Krankenkasse sie hat.

Die Kölnerinnen jedenfalls sind – abgesehen von diversen Ausfällen an Karneval – alles andere als supergeil. Köln ist nun mal einfach nicht erotisch, jedenfalls nicht aus Sicht der Frauen. Sehen Sie, Kölner Männer haben viele Vorzüge: Sie sind gesellig, fröhlich, unaggressiv und duschen mindestens einmal im Monat. Aber es gibt einen Nachteil bei ihnen, der den Damen hierzustädte das Verlangen nach Erotik verdirbt …

Kölner Männer sehen im Großen und Ganzen schauderhaft aus.

Oder kennen Sie einen prominenten Kölner, den man als wirklich attraktiv bezeichnen könnte? Schließlich sollten ja gerade Prominente schöner sein als der Durchschnitt, oder? Und wenn schon Kölns Beste so aussehen, wie sie halt nun mal aussehen, was kann man dann von den normalen Männern dieser Stadt erwarten? Aber nicht einmal gut aussehende Imis kommen gerne hierher. Die meisten attraktiven Menschen in Köln sind Zuzüglinge aus der Medienbranche, einer Geschäftswelt, in der Schönheit dasselbe ist wie Kompetenz oder Talent, und das gilt auch für die vielen Leute hinter den Kulissen. Die haben sich Köln nicht ausgesucht, die wurden hierher getrieben wegen RTL und Co.

Was die Medienprominenz angeht, so leben die Schönen nicht in Köln, sondern ziehen Berlin, München oder Hamburg vor. In Köln leben im Wesentlichen bloß Harald Schmidt, Stefan Raab und Jochen Busse. Männer, die nur bedingt als Sexsymbole taugen. Sogar kölsche Rock-Musiker, wenn wir das jetzt mal als »Rock« bezeichnen wollen, die ja quasi per Gesetz zu Sex-Appeal verpflichtet sind, können selbigen nicht immer vorweisen. In einem größeren Kontext gefragt: Was ist das überhaupt für ein Volk, das Wolfgang Niedecken als Rockmusiker bezeichnet? Wohlverstanden: Wir mögen schon einige der BAP-Songs, das ist gar nicht so übel – eine recht gefällige Mischung aus Pop und Volksmusik. Erwähnen möchten wir hier aber auch die Gruppe Brings, in der es ein bis zwei Jungs gibt, deren Anblick bei Frauen durchaus mal ein Funkeln in den Augen aufblitzen lässt. Allerdings tun die Jungs alles, um das zu vermeiden, zum Beispiel indem sie bei der Werbung für ihre Scheibe »Puddelrüh« (»Unbekleidet«) sich nicht nackt ablichten ließen, sondern stattdessen ein paar knubbelige Comicfiguren vorschoben – um bloß nicht den Eindruck zu erwecken, sie könnten irgendwie sexy sein. So ein Image passt nicht zu Kölnern, und im hiesigen Unterhaltungsbetrieb spielt Erotik nicht die geringste Rolle. Stattdessen dominieren talentfreie Fettsäcke, schleimige Strahlemänner und krakeelende Schießbudenfiguren das Bild des Vorzeige-Kölners. Hat natürlich auch Vorteile: Als Imi reicht es, nur durchschnittlich auszusehen, um viele Frauen kennen zu lernen.

Es gibt in Köln also kaum Männer, die Frauen besonders anturnen. Man kann das regelrecht in ihren traurigen, übellaunigen Gesichtern sehen, wenn sie sich in Kneipen und Cafés umsehen und denken: »So 'ne Kacke, schon wieder nur der übliche Haufen aufgeschwemmte Kölsch-Fressen!« Wir interpretieren das jetzt mal so rein. Aber uns haben das schon viele Frauen so ähnlich beschrieben, und diejenigen, die wir auf das Thema angesprochen haben, gaben uns nach kurzem Überlegen verblüfft Recht.

Sie wollen ums Verrecken nicht gut aussehen, diese Männer. Der kölsche Schnurrbart ist ja auch noch nicht ganz ausgestorben. Junge Kölner tragen ihn selten, noch nicht einmal die Polizisten, aber Männer ab Mitte dreißig tragen die zerfransten Hundepimmel immer noch unter der Nase. Vielfach schön onduliert oder wie man das nennt, Sie wissen schon, diese ultraschwulen Kringel, an denen man seine Schlüssel aufhängen kann. Wissen die denn nicht, wie unglaublich unerotisch das ist? Wir machen mal kurz einen Test mit Ihnen, liebe Damen.

1. Stellen Sie sich George Clooney nackt vor.
2. Stellen Sie sich jetzt vor, er trägt einen großen, geschwungenen Schnäuzer.

Alles klar so weit, oder? Tja, und das ist das Schönheitsideal des Kölner Mannes. Allerdings nicht am Körper von George Clooney, sondern am Körper von Tommy Engel. Es gibt einfach einen gravierenden Unterschied zwischen Männern und Frauen in Köln:

Kölner und Kölnerinnen haben vollkommen verschiedene Vorstellungen von männlicher Attraktivität.

Dabei haben Frauen es ja so schon schwer genug damit, Männer begehrenswert zu finden. Gehen wir es wissenschaftlich an. Während der Mann mit seinem Sexualtrieb früh durchstartet und mit zwanzig bereits auf dem Höhepunkt angekommen ist, wonach es dann stetig bergab geht, braucht die Frau sehr viel länger. Sie ist erst mit etwa siebenunddreißig Jahren am Zenit ihrer Geilheit angekommen. Für die folgenden zehn Jahre ist ihr Geschlechtstrieb stärker als der des Mannes, danach wird sie wieder überholt. Was lernen wir daraus?

Nun ja, als Erstes: Frauen Ende dreißig sollten es mit Männern um die zwanzig treiben. Das gibt Qualm. Aber natürlich bezieht sich das alles auch nur auf die körperliche Leistungsfähigkeit. Auch junge Frauen, die noch nicht so triebstark sind, können sich für Sex interessieren. Und zwar, weil besonders junge Frauen die liebenswerte Dämlichkeit besitzen, Sex mit Liebe zu verwechseln.

Jüngere Frauen fühlen sich häufig regelrecht benutzt, haben den Eindruck, sie dienen ihren geliebten Prinzen nur zur Samenstau-Abreagierung. Das stimmt zwar auch, aber erst mit späteren Jahren verstehen die Frauen, dass das gar nicht schlimm ist. Dafür haben dann die Männer das Problem, nicht mehr genug liefern zu können. Wir finden, die sollten ihren Frauen dann gestatten, sich einen jüngeren Liebhaber zu nehmen, schließlich haben sie, die Männer, die ganze Zeit davor ihren Spaß gehabt, jetzt sind die Frauen dran.

Aber die Frau tut das nicht. Biologisch ist sie eben noch darauf geeicht, einen Partner zu finden, der mit ihr möglichst viele Kinder fabriziert und so lange bei ihr bleibt, bis die Kinder selbstständig sind. Deshalb ist für Frauen das beste Aphrodisiakum die Bereitschaft des Mannes, Verpflichtungen einzugehen.

Dies ist also auch ein Problem in Köln, denn der Kölner geht Verpflichtungen aus dem Wege. Es ist nicht so, dass er nicht zu festen, dauerhaften Bindungen in der Lage wäre, aber das schafft er nur unter der Prämisse der Untreue, wie bereits beschrieben. Kölner binden sich an ihre Stadt, man könnte da sogar von »fesseln« sprechen. Sie binden sich an den FC und an ihr Lieblingskölsch, an ihr Veedel und an ihre kölschen Zwangsneurosen. Das muss reichen. Sie können sich nicht auch noch an Frauen binden. Dann wäre das Leben ja total öde. Jeder Tag wäre wie der andere, wie soll man das aushalten?

Der Kölner ist zu Bindungen fähig, aber nicht zu Verpflichtungen.

Stattdessen unterläuft der Kölner stets seine Verpflichtungen. Seine Arbeit erledigt er so ineffizient wie nur irgend möglich, denn Streber sind nicht gern gesehen in Köln. Er hält nicht viel von Verboten und Gesetzen und legt jede Vorschrift entweder zu seinen Gunsten aus oder ignoriert sie stets, ob es dabei nun um Bauvorschriften geht oder nur um Rauchverbot, spielt keine Rolle. Der Kölner ist ein

Freigeist, das muss man ihm lassen. Jedenfalls, solange er damit niemandem schadet. Was er natürlich dauernd tut.

»Pflichtgefühl« - der Kölner hasst dieses Wort. Das ist so preußisch. Aber Frauen fordern diese preußische Sekundärtugend von Männern. Deshalb tut es der Popularität von männlichen Sex-Symbolen wie Brad Pitt oder David Beckham bei Frauen überhaupt keinen Abbruch, wenn sie heiraten und eine Familie gründen. Das steigert das Verlangen nur noch, denn jetzt wissen sie, der Typ sieht nicht nur geil aus, sondern ist auch reif und erwachsen genug, um mit einer Frau sein ganzes Leben zu verbringen. Hach, Oh, Ach, machen die Frauen, wenn sie so jemanden sehen. Kluge Schürzen-Großwildjäger wissen das und können perfekt ihren Wunsch nach Ehe und Familie simulieren, bis sie die Frau im Bett haben. Ehrlichkeit ist hier nun wirklich nicht gefragt.

Die kölsche Verantwortungslosigkeit der Männer führt zu gesteigerter Sex-Verweigerung der Frauen.

Und überhaupt: Diese ganze Hysterie ums Bumsen ist den Kölnerinnen suspekt. In der spießigen Betulichkeit des altkatholischen Köln ist Sex einfach nicht so sehr das Thema. Weder in kölschen Liedern, noch auf kölschen Bühnen spielt es eine Rolle. Beim Karneval achtet das rein männliche Festkomitee penibel darauf, dass nichts Unzüchtiges geschieht. Oben-ohne-Tänzerinnen wurden verboten, dem schwulen Karneval stemmt man sich mit aller Macht entgegen. Die Sex-Besessenheit der Kölner wird also unterdrückt, und das offizielle Ventil für sexuell unterversorgte Menschen ist - der Express.

Da wird ständig mit Sex getitelt, auch bei völlig unpassenden Gelegenheiten. Freilich wird er hauptsächlich von Männern gelesen. Das ist kein Wunder, denn er wird auch hauptsächlich von Männern gemacht. Das ist wohl auch der Hauptgrund für die stetig sinkende Auflage, der Express ist fast so was wie ein täglich erscheinendes Männer-Magazin. Wer aber die Hälfte der potenziellen Leserschaft von vornherein ausklammert, kriegt langfristig ein Problem. Darüber hinaus wird Sex auf diese plakative Weise auf ein sehr billiges, unerotisches Niveau runtergezogen. Kölner Männern gefällt das sehr, Frauen werden davon abgeschreckt.

Sex wird in Köln stets entweder unterdrückt oder marktschreierisch verramscht.

Wie praktisch jeder Bereich in Köln ist eben auch der Bereich Sex männerdominiert. In patriarchalisch-katholischen Gegenden blüht in der Regel die Libido der Männer, während Frauen sich eher zurückziehen. Das ist mehr als verständlich. Was an Weiberfastnacht passiert, ist lediglich der Ausdruck einer unterdrückten Sexualität, die sich gerne öfter als einmal im Jahr Bahn brechen würde, wenn es denn ginge. Aber es geht nicht, der kölsche Alltag ist - zumindest für Frauen - ein anderer. Das ambivalente Verhältnis der Kölnerinnen zum Thema Treue ändert daran gar nichts, denn dabei geht es weniger um Sex als um Abwechslung in der Beziehung, um etwas Abenteuer.

Grundsätzlich gilt: »Optisch herausgeforderte« Männer und eine allgemein erotikfeindliche Mentalität verderben den Kölnerinnen die Lust auf Sex. Imis merken das irgendwann und stellen fest, dass die meisten Frauen, bei denen sie Glück haben, nicht aus Köln stammen. Natürlich gibt es Ausnahmen. An dieser Stelle möchte der Autor dieser Zeilen diverse Kölnerinnen grüßen, die sich jetzt womöglich beleidigt fühlen, und sagen: Du bist nicht gemeint!

Datenschutz ist mir eigentlich egal, meine wichtigsten Daten kann jeder wissen: fünfundzwanzig Zentimeter lang, sechs Zentimeter dick.

HARALD SCHMIDT

kölsche höhepunkte

dies ist ja ein anthropologisches Buch, auch wenn es Ihnen nicht aufgefallen ist. Die Geschichte der Menschwerdung und die Auswirkungen der Discomusik auf die makroökonomischen Daten der späten siebziger Jahre im Bereich der Forstwirtschaft, ja, das sind die beiden beherrschenden Themen dieses Buchs, mit Ausnahme des zweitgenannten. Die Kölner, trotz gegensätzlicher Tendenzen, fallen durchaus auch unter den Begriff »Menschen«, jedoch nur mit Einschränkungen. Wir haben es erwähnt, da sind ein paar Dinge schief gelaufen. Evolutionshistorisch hat der Kölner heute deshalb im Grunde nur eine Aufgabe: Aussterben. Die Welt braucht ihn nicht, er ist ein Auslaufmodell. Im Mittelalter war Köln eine der bedeutendsten Städte Europas, heute taucht die Stadt nicht einmal mehr auf der ZDF-Wetterkarte auf. Trotzdem geben die Kölner noch nicht auf und verüben des Öfteren mal einen »Sexus«, wie Erzkardinal Meißner das – zu Recht – angewidert nennt.

Nach unseren Erfahrungen gibt es dabei durchaus keine besonderen kölschen Positionen oder Bezeichnungen, wie manch ein Vorwitzling uns glauben machen will. Die Kölner braten sich gerne Extrawürste, aber den Matratzen-Mambo haben sie nicht neu erfunden. Das liegt wahrscheinlich daran, dass man damit nicht vor Düsseldorf angeben kann.

Klären wir zunächst die einfachste Frage: Was erwartet die Frau beim Sex? Okay, das ist nun wirklich 'ne alte Mütze. Wir wollen Sie nicht langweilen, deswegen machen wir das mal kurz im Schnelldurchlauf

Eine Frau will jeden zweiten Tag Sex, ein Vorspiel von dreißig Minuten, sie steht auf harte, muskulöse Körper, die möglichst gut riechen (nach grünem Tee oder Salmiakgeist, z.B.), jedoch mag sie kein Sadomaso oder Zweckentfremdung von Körperöffnungen. Sie bevorzugt die Reiterstellung, hört gerne dabei Musik, verlangt Harmonie und Einfühlungsvermögen anstatt einer Luftpumpen-Imitation und findet es unschön, wenn der Mann in ihr einschläft. Ende der Lektion. Bei der Penisgröße sagen Frauen stets, die sei nicht wichtig, aber na ja. Frauen sind wahrscheinlich einfach klug genug, um bei dieser Frage zu lügen. Schließlich wollen sie den armen Kerl nicht verschrecken, dann läuft ja überhaupt nichts. Eine diplomatische Notwendigkeit. Die Frauen sind ja nicht doof und schneiden den Ast ab, auf dem sie … äh, sitzen.

Männer und Frauen tendieren dazu, die Qualität des Sex nach unterschiedlichen Kriterien zu bewerten. Männer wollen den Orgasmus, und weil sie Männer sind, kriegen sie auch einen. Allerdings, zumindest mit fortschreitendem Alter, auch wirklich höchstens einen.

Die Frau hingegen genießt mehr den Vorgang als solchen, die Intimität und die Aufwallungen im Verlaufe eines möglichst langen Akts. Sie sieht das Ganze mehr als eine Art Massagetherapie von innen, bei der möglichst viele Glückshormone ausgekübelt werden sollen. Der Mann jedoch fühlt sich als Versager, wenn es der Frau nicht kommt. Also wird er sich abstrampeln und drauflosknüppeln, im günstigsten Fall hat er ein paar witzige Techniken mit Zunge und Händen drauf, die auch ab und zu funktionieren. Manche Frau leitet den Mann auch mal etwas an, woraufhin der sofort die Flügel streckt, um mal eine poetischere Umschreibung zu wählen, denn das greift sein sowieso extrem empfindliches Selbstvertrauen an.

Sollte all das nicht fruchten, entscheiden sich viele Frauen am Ende, den Orgasmus vorzutäuschen. Schließlich will sie ja auch mal schlafen. Wie gesagt, Frauen sind diplomatischer. Sätze wie »Du Versager bringst es nicht halb so gut wie der Nachbarsjunge« führen auf Dauer zu Spannungen.

Es gibt statistische Unterschiede im Sexualleben der Menschen bei verschiedenen Rassen. Weiße und schwarze Frauen haben laut einer Studie etwa gleich oft Sex, aber südländische Frauen kriegen es häufiger. Schwarze Frauen kriegen dafür häufiger Orgasmen. Bevor die deutschen Männer jetzt Komplexe kriegen von wegen Latin Lovers können's öfter, schwarze Männer können's besser – na ja, eigentlich wissen wir nicht, wie wir diesen Satz beenden sollen. Statistiken, was sagen die schon, richtig? Ähem. Aber immerhin: Total tote Hose bei den Asiaten, die haben praktisch kein Testosteron. Wobei sich die Frage stellt, wieso die Chinesen dann das größte Volk der Welt sind. Wird man ja wohl mal fragen dürfen, ihr neunmalklugen Statistiker. So, jetzt geht's uns allen ja wohl wieder besser. Puuuhhh …

Schluss mit diesem notdürftig als Wissenschaft getarnten Rassismus. Kommen wir lieber zur notdürftig als Wissenschaft getarnten Köln-Verarsche. Wir wollen ja herausfinden, ob sich das Kölner Sexualleben von dem der anderen Deutschen unterscheidet.

Wenn man Kölner Männer nach ihrem Sexleben fragt, bekommt man keine klare Antwort, aus irgendeinem Grunde ist das denen total peinlich, im schlimmsten Fall wird man sogar aus der Sauna geworfen. Kölnerinnen waren da kooperativer, wenn auch nicht in der Sauna, da reagieren sie ähnlich. Nachdem wir uns aber einen Überblick verschafft haben, erheben wir folgende, leicht ins Uncharmante tendierende These:

Der Kölner ist im Bett eine Niete.

Schon gut, schon gut. Woher will der Autor dieser Zeilen das wissen? Hat der vielleicht Hunderten von Kölnern beim Sex zugeschaut? Antwort: Ja, hat er. Und was diesen spießigen Richter angeht, wir gehen in Berufung! Wir haben nur die Sterne beobachtet, und die Pärchen sind uns irgendwie vor die Kamera gestolpert!

»Jeder fünfte Kölner ist impotent« jubelte übrigens der Express im Juni 2003. Offenbar war man in der Redaktion erleichtert, nicht allein mit seinen Problemen zu sein – das interpretieren wir jetzt mal so rein. Das Kölner Uni-Klinikum hatte eine groß angelegte Studie vorgestellt, der zufolge 20 Prozent der Männer nicht in der Lage sind, das Großsegel zu setzen. Der zuständige Oberarzt meinte zwar, diese Zahl sei auf ganz Deutschland übertragbar, aber das wollen wir erst mal abwarten ...

Was nun unsere These angeht, von denen sich manch männlicher Kölner nun womöglich leicht beleidigt fühlt, während manche Kölnerin wohl denkt: »Verflucht, dann seh nicht nur ich das so?« – wir betrachten das ganz nüchtern. Männer sehen das Vorspiel in erster Linie als Arbeit an, die sie verrichten müssen, um den eigentlichen Sex zu kriegen, zu dem das Vorspiel für sie gar nicht zählt. Das Verhältnis des Kölners zur Arbeit jedoch haben wir ja bereits skizziert. Und daraus ist abzuleiten:

Die Arbeitsmoral des Kölners findet seine Fortsetzung in seiner Vorspielmoral.

Er sieht den Sinn der Arbeit nicht ein, denn er hat direkt überhaupt nichts davon. Der Job als solcher ist ihm schnurz, häufig hat er sogar eine aggressive Abneigung dagegen, und er tut sein Bestes, um ihn so schlecht oder so überhaupt nicht wie möglich zu machen. Pech für die Frauen – schließlich sind mit die wichtigsten Faktoren, die bei ihnen erotische Gefühle überhaupt erst mal freisetzen, Intimität und Zärtlichkeiten, Letztere zunächst auch ohne sexuellen Hintergrund.

Tja.

Jetzt müssen wir wirklich die weiße Fahne hissen, denn »Zärtlichkeiten ohne sexuellen Hintergrund«, das Konzept verstehen ja schon die meisten normalen Männer nicht. Wie kann man das von Kölnern erwarten, die für das Grapschen im Genitalbereich sogar einen eigenen Begriff geprägt haben: »Föttchesföhlerei«! Am liebsten betrieben wird das an Karneval von sexuell unterdrückten mittel- bis steinalten Fettsteißen, die es für völlig legitim halten, wildfremden Frauen von hinten und von vorne in den Schritt zu fassen. Das läuft für den Kölner unter der Rubrik »Intimität«. Es ist so widerlich, es ist für uns inzwischen der Hauptgrund, uns auf Karnevalsfesten nicht mehr blicken zu lassen – nur um dieses tränentreibende Schauspiel nicht mitansehen zu müssen.

Als weitere Untermalung lesen Sie folgende Meldung aus der Kölnischen Rundschau vom 11. Februar 2003:

100 Euro Strafe für ein paar unerlaubte Bützchen

Das waren teure Bützchen! Als bei der Galasitzung der Kölnischen im Sartory die Cheerleader auf der Bühne standen, schlich sich Pressesprecher Micky Schönewald zum Elferrat und verteilte nach dem Auftritt wie seine Kollegen fleißig Küsschen und Pralinen an die Damen, Präsident Theo Bischof verdonnerte Schönewald zu 100 Euro Strafe zugunsten der Kasse. »Das war mir der Spaß wert«, versicherte der Delinquent.

Verstanden? Da treten ein paar hübsche, junge Mädels in Trikots auf, und ein alter Sabberlappen stürmt unaufgefordert nach vorne und knutscht sie ab, und das ist dann also ein »Spaß« – für ihn. Hundert Euro ist ja auch nicht teuer, wenn man mal die Preise auf dem Straßenstrich vergleicht. Die karnevalistischen Zuhälter denken vielleicht inzwischen schon darüber nach, daraus ein Geschäft zu machen. Wobei die Bezeichnung »Zuhälter« wohl unfair ist, denn die geben ihren Mädels ja schließlich was ab. Bei dieser Karnevalsgesellschaft ging das Geld jedoch in die Vereinskasse, und die Mädels gingen voll gesabbert, missbraucht und angeekelt von dannen. Die brauchten nach dieser traumatischen Erfahrung erst einmal eine Dusche.

Müssen wir noch erklären, wieso die weibliche Libido in dieser Stadt auf keinen grünen Zweig kommt? Und wieso weibliche Imis sich lieber mit männlichen Imis zusammentun? Kölnerinnen kennen ja dieses sehr spezielle Verhalten ihrer Männer, Mädchen lernen das schon im frühen Schulalter durch ihre Klassenkameraden kennen. Deshalb stört es sie während des Karnevals nicht so sehr, wohingegen Imi-Frauen und Köln-Besucherinnen sogar schon mal Anzeige erstatten. Die Kölnerinnen haben nur eine Möglichkeit gefunden, sich an den Männern zu rächen, und zwar:

Kölnerinnen täuschen keinen Orgasmus vor.

Zum einen können sie es einfach nicht, ihr Schauspieltalent reicht dazu nicht aus. Sie waren ja sicher mal in einem kölschen Volkstheater-Stück, also wissen Sie, wovon wir reden. Die Kölnerinnen wissen das auch, und deshalb versuchen sie es gar nicht erst. Kölner Männer mögen eitel und selbstherrlich sein, aber so viel merken sie dann doch noch, dass was nicht stimmen kann, wenn die Frau plötzlich so einen komischen Jaul-Ton von sich gibt, der eher an eine Katze erinnert, der man auf den Schwanz getreten ist. Die Kölnerinnen haben außerdem auch gar keine Lust darauf, dass ihr Liebhaber stundenlang in ihr rumfuhrwerkt.

Da sind sie sich mit den Kölnern einig. Anders als andere Männer, ob nun New Age oder Macho, hat der kölsche Mann keinerlei Qualitätsansprüche beim Sex. Es ist ihm nicht direkt egal, ob es seiner Partnerin gefällt, vielmehr ist es so, dass er sich diese Frage gar nicht stellt.

Der Kölner setzt den Orgasmus der Frau als gegeben voraus.

Wie schon an anderer Stelle geschildert, denkt der Kölner nicht zielorientiert. »Et hätt noch immer jot jejange« ist auch beim Sex sein Wahlspruch. Er ist der Meinung, er brauche sich gar nicht anzustrengen oder sich überhaupt ernsthaft über irgendetwas Gedanken zu machen, es klappt schon von alleine. Und auch das Projekt »Guter Sex« spielt sich im Kopf des Kölners auf einer rein theoretischen Ebene ab. Er ist so selbstverliebt und unfähig zur Selbstkritik, dass er nicht einmal einen Vergleich zieht zwischen Anspruch und Realität. Der Anspruch *ist* für ihn Realität. Es gibt kein Versagen, es gibt höchstens Verzögerungen oder Unregelmäßigkeiten. Der Kölner beschließt, dass er seine Frau zum Orgasmus bringen wird, aber er überprüft nicht, ob er das auch in der Realität erreicht.

Was der Kölner für tollen Sex hält, ist für die Kölnerin häufig pure Langeweile.

Aber wie sind denn Kölnerinnen im Bett? Wir können da natürlich nur einen eingeschränkten Erfahrungsbericht geben, aber wir haben auch einige Freunde und Bekannte befragt, und das Urteil ist nahezu einhellig: Sie sind toll. Sie sind wild und impulsiv, leben sich richtig aus beim Sex und kennen kaum Hemmungen. Allerdings: Das sagen nur die männlichen *Imis*. Die Kölner, die wir befragt haben, haben mehrheitlich nicht einmal die Frage verstanden. »Wie soll die Frau denn sein? Die liegt halt da rum.« »Was soll die denn machen, der Mann hat doch im Bett die Arbeit.« »Ich weiß nicht, hab ich mich noch nie gefragt.« Solche Sätze hört man dann. Kölsches Patriarchat und kölsche Egozentrik feiern Halloween. Die Kölnerinnen, die immer nur mit Kölnern geschlafen haben, muss man derweil nicht bedauern, denn auch sie wissen ja gar nicht, was sie verpassen.

Es geht also gut, wenn Kölner und Kölnerinnen unter sich bleiben, und es klappt ebenfalls, wenn Kölnerinnen mit Imis in den Clinch gehen. Von homosexuellen Varianten sehen wir jetzt mal ab, für die gelten sowieso eigene Gesetze. Katastrophal ist es freilich, wenn der Kölner auf die Imi-Frau trifft. Wenn diese Frauen von ihren erotischen Erlebnissen mit Kölnern berichten, stehen ihnen die Haare zu Berge. Wir wollen jetzt nicht allzu sehr ins Detail gehen. Bleiben wir einfach bei dem Rat: Imi-Frauen sollten sich an Imi-Männer halten. Meistens tun sie das von ganz allein, denn wie gesagt, Kölner sind ziemlich unattraktiv. Es gibt hier also durchaus auch eine natürliche Auslese.

In Köln sind angeblich schon über die Hälfte der Einwohner Imis, die Zahl der echten Kölner, also mindestens in der zweiten oder dritten Generation, ging hier in ein paar Jahrzehnten geradezu ruckartig zurück. Wenn wir heute ab und zu ein kritisches Wort über Köln fallen lassen, tun wir das unter der Kenntnis, dass es früher noch viel schlimmer war, als neunzig Prozent der Einwohner auch hier geboren waren. Wir wagen gar nicht, uns das auszumalen. Es gibt diverse Literatur über die kölsche Vergangenheit (siehe Anhang), die einen Eindruck vermittelt, was für ein bescheuerter Affenzirkus die Stadt früher war, dagegen ist sie heute der reinste Intellektuellen-Stammtisch.

Männliche Kölner und weibliche Imis sollten sich aus dem Wege gehen.

Das Einzige, das Frauen am Sex mit Kölnern schätzen, ist das Nachspiel. Die meisten Frauen haben dann das Bedürfnis zu reden, und das haben die Kölner Männer auch, denn sie haben *immer* das Bedürfnis zu reden. Ein Kölner hat kaum die stabile Seitenlage wieder eingenommen, da labert er auch schon wieder über seinen Büroalltag. Das hört sich dann so an: »Ja – ja – ja ... aaaahhhhhhhhhh ... ohh ... weißt du, dieser Typ im Materiallager verschlampt dauernd die Belege für die Büro-Utensilien ...«

Während des Sex redet aber sogar der Kölner nicht. Verständlich, dass er seinen Redestau unmittelbar nach der Ejakulation ebenfalls auflösen muss. Gehirn-Scans haben gezeigt, dass ein Mann während des Sex nahezu taub ist, zumindest kann er das, was er hört, nicht verarbeiten. Im Prinzip also für den Kölner überhaupt keine Umstellung, mit der Einschränkung, dass er eben auch nicht reden kann, denn ausnahmsweise ist er nicht in der Lage, sich selbst zuzuhören, womit für ihn jeder Grund zum Sprechen überhaupt hinfällig wird. Das normalisiert sich aber nach dem Orgasmus, und er hält wieder seine private Büttenrede, kaum dass er sich ausgestöpselt hat.

Zweifellos haben Sie schon Ihre eigenen Erfahrungen gemacht oder werden das tun. Sex mit Kölnern ist ein interessantes soziologisches Experiment, und sollten Sie mal in einem Buch über das Thema schreiben, können Sie sogar damit Geld verdienen. Das ist sehr viel stressfreier als die andere Variante, bekannt unter dem Namen »Straßenstrich«. Wenn auch nicht ganz so lukrativ.

Zum Schluss dieses gefährlich jugendgefährdenden Abschnitts eine Frage an die männlichen Leser: Können Sie in etwa schätzen, wie oft Sie bisher in Ihrem Leben ejakuliert haben?

Weil, Sie müssen nämlich wissen: Sie haben nur 3743 gültige Versuche. So hat es jedenfalls Thomas von Aquin im 13. Jahrhundert ausgerechnet, und Sie werden einen so anerkannten Gelehrten ja wohl nicht in Zweifel ziehen wollen, oder? Herren im fortgeschrittenen Alter sollten also versuchen, Haus zu halten. Da werden uns die Taoisten beipflichten, die glauben, dass der Mann mit jedem Erguss an Lebenskraft einbüßt. Jetzt wissen Sie auch, warum Joschka Fischer immer so fertig aussieht.

Streng genommen war das jetzt natürlich Blödsinn, wie ein Teil von Ihnen womöglich gemerkt hat. Laut aktueller Wissenschaft (29. August 2003, 12 Uhr 39) kann der Mann von der Pubertät bis kurz vorm Abkratzen so viel Saatgut produzieren, wie er lustig ist. Die Lebenserwartung steigt sogar, wenn man sich des Öfteren mal im Lendenbereich schnäuzt, unter anderem weil dadurch die Leitung durchgespült wird, was Hodenkrebs vorbeugt. Je mehr man ejakuliert, desto älter wird man also. Vermutlich fragen nicht nur wir uns jetzt, wieso gerade katholische Kirchenoberhäupter immer dermaßen steinalt werden.

Machen wir uns nichts vor: Es kommt irgendwann der Tag, an dem ein Mann aufwacht und feststellt, dass es keinen Grund gibt, seine Frau zu wecken. Die Zeiten der morgendlichen Erektion sind vorbei, und von nun an beschäftigt sich der Mann nicht mehr mit Sex. Bestimmte rezeptpflichtige Medikamente haben es dem Mann zwar inzwischen ermöglicht, bis ins hohe Alter Sex zu haben, und damit leider auch der Frau. Die Damen hätten wahrscheinlich lieber ihre Ruhe, und ihre einzige Hoffnung ist, dass der Mann dann vielleicht mal bald in die Grube fährt. Zum Glück sorgen die Nebenwirkungen dafür, dass auch genau das passiert, und so sind am Ende wieder alle zufrieden.

Eine Menge Gehirnkapazität wird durch das Desinteresse an Sex plötzlich frei, und was machen Männer damit? Nun, viele suchen sich ein Hobby, gehen angeln, werden Bundespräsident oder widmen sich der Gartenarbeit. Der Kölner jedoch hat sein ganz eigenes Betätigungsfeld, um seinen Lebensabend zu beschließen und der Zeit nachzutrauern, in der er noch einen hochkriegte: den Karneval. Schwadronen von klapprigen Geronten feiern hier ihren zwölften Frühling, indem sie auf Sitzungen debile löstige Liedschen trällern, schunkeln und Witze von ihrem Urgroßvater erzählen, wobei sie den Namen »Bismarck« einfach durch »Schröder« ersetzen.

Das Kölner Festkomitee aber hat inzwischen, wie schon erwähnt, bei Sitzungen sämtliche erotischen Darbietungen wie zum Beispiel nackte Tänzerinnen, die es früher häufiger gab, komplett untersagt. Das macht es schwieriger für die Viagra-Fossile, sich für die Karnevalsveranstaltungen zu begeistern, wenn nirgendwo mehr nackte Frauen sind (anders als zum Beispiel in Düsseldorf, wo jeder zweite Festwagen aus überdimensionalen Brüsten besteht). Natürlich bleibt der Karneval immer noch ein Eldorado sexueller Zudringlichkeit, aber die Frauen werden – bedingt durch den Zuzug gut aussehender Imis – auch immer anspruchsvoller. Da geht der aufgeputschte Opa doch lieber zu seiner Alten.

Karneval ist das kölsche Äquivalent zum Altersheim.

Bei Frauen funktioniert das mit dem Karneval leider nicht, denn jetzt, wo es mit dem Sex nichts mehr ist, will der alte Kölner die Existenz eines weiblichen Geschlechts am liebsten gar nicht mehr anerkennen. Deshalb dürfen Frauen beim Karneval nicht mitmachen. Es gibt noch Funkenmariechen, sozusagen als Reminiszenz an die Zeiten, in denen kurze Röcke noch irgendetwas bedeuteten, wenn sich auch niemand mehr daran erinnert, was das gewesen sein könnte, und damit hat es sich.

Was alte Kölnerinnen machen, wissen wir nicht. Sie versauern wohl hinter ihren Gardinen und warten auf den Tod. Ab und zu sieht man mal eine beim Einkaufen, aber die normale kölsche Seniorin verschwindet irgendwann einfach von der Bildfläche. Es ist direkt etwas beängstigend. Als wäre man in der »Twilight Zone«, in dieser einen Episode, in der alle alten Menschen ab einem bestimmten Alter eingeschläfert werden, ohne dass das die Normalbürger mitkriegen. An meine weiblichen Leser geht deshalb der Rat: Sobald Sie sechzig werden, verlassen Sie die Stadt!

Denn seien wir doch mal ehrlich
Sex ist ganz schön gefährlich
Es gibt sogar Leute die lieben den Schmerz
Und liegen gefesselt im Keller bis März
PIET KLOCKE

was kölner anmacht

Worauf stehen Kölner eigentlich so, wenn es um die Liebe im Allgemeinen und Geilheit im Spezifischen geht? Normale Frauen erfreut bei Männern besonders, wenn er romantisch wird, Bereitschaft zu Verpflichtungen signalisiert, viel mit ihr redet, Intimität zulässt, ohne nur zu grapschen. Und die meisten Männer stehen auf sexuelle Reize körperlicher Natur, Abwechslung bei Praktiken und Outfit sowie die generelle Bereitschaft der Frau, sich stets und überall zur Paarung zur Verfügung zu stellen. Und all das gilt natürlich auch für die Kölner. Wir haben es ja hier nicht mit einer anderen Spezies zu tun, auch Kölner sind Menschen. Allerdings sind sie eine andere Gattung (Homo coloniensis – Der gemeine Schnauzbartaffe), mit besonderen Varianten bei den sexuellen Vorlieben. Wissen Sie, was eine echte Marktlücke in Köln wäre? Kölsche Pornos.

Nein, im Ernst. Die Kölner meinen ja, jeden Bereich des Lebens mit etwas speziell Kölschem abdecken zu müssen. Kölsches Bier-Imitat, kölsche Retorten-Musik, kölscher Fußball und so weiter. Aber seltsamerweise haben es die Kölner bislang verabsäumt, auch dem Sex ihren Stempel aufzudrücken. Mit einer Ausnahme freilich: die Firma Condomi, ein bedeutender Kondom-Hersteller, der mit seinem Namen wohl auch auf den Dom anspielt. Überall in kölnischen Super- und Drogeriemärkten liegen vor allem Fabrikate dieser Marke aus. Wir wollen hier keine Werbung machen, auch die anderen Marken haben durchaus brauchbare Wurstpellen im Angebot. Aber ein guter Kölner treibt es nur »op Condomi«.

Dabei hatte die Firma es anfangs schwer in der Stadt, aufgebrachte Bürger protestierten gegen diese Leute, die mit gottloser Latexfabrikation Geld scheffeln wollten. Aber der Kölner gewöhnt sich an alles, sogar sehr schnell, wenn er merkt, dass er sowieso nichts dagegen unternehmen kann. Und außerdem trägt der Kölner gerne Kondome, am liebsten die bunten. Der Kölner verkleidet sich halt gerne.

Was nun unsere Anfangsidee angeht: Wie wäre es mit Erotikromanen auf Kölsch? Genug Autoren gäbe es, sehen Sie sich mal das unüberschaubare Angebot an Mundart-Büchern auf dem Markt an. Und auch Videos könnten wir uns vorstellen. Sicher, der hiesige Dialekt hat nicht gerade viel Sex-Appeal. Aber das gilt ja nur für Imis, die Kölner wären bestimmt verrückt nach so etwas. Die würden damit sogar angeben! Schluss mit der Verlegenheit! »Ich wedel mir nur op kölsch einen von der Palme!« Jeder, der das sagt, würde Applaus ernten und bräuchte sich nicht im Geringsten zu genieren.

Im Moment ist das ja anders. Keine Ahnung, wie Sie das sehen, aber das Angebot an Sex-Shops und Pornographie-Händlern in Köln ist einer Metropole nicht würdig. Komisch, dass das nie mal einer auf einer Ratssitzung sagt. Auch das Angebot in den Videotheken lässt schwer zu wünschen übrig. So geht das ja nun nicht, liebe Freunde. Gehen Sie mal nach New York oder Paris, eigentlich reicht schon Hamburg-St. Pauli, das sind echte Metropolen, wo Sie vor lauter Sex-Angeboten kaum aufrecht laufen können! Da hat Köln noch einiges nachzuholen. Das Unterangebot an sexueller Unterhaltung ist für uns einer der Hauptgründe für die schwindelerregende Vergewaltigungsrate in Köln. Eine kölsche Porno-Produktion sollte von der Stadt gefördert werden. Schließlich bringt das auch Geld ein, und die Schauspieler kann man ja von auswärts holen, den Dialekt lernt man schnell.

Genug des Schabernacks. Die Biologie ist jedenfalls auf unserer Seite, ebenso wie die Moral. Der Mann ist nun mal nicht auf Monogamie ausgerichtet, und wenn man dann schon von ihm Treue verlangt, muss man ihm wenigstens die Chance geben, seine promiskuitiven Triebe in geeignete Kanäle zu leiten. Es ist erwiesen, dass in

Ländern, in denen mit Pornographie sehr freizügig umgegangen wird, viel weniger Frauen vergewaltigt werden. Die Männer können sich anders abreagieren und müssen nicht einmal fremdgehen. Frauen sollten ihren Männern eigentlich ab und zu selber mal ein Penthouse-Heft schenken, das hält die Beziehung auf Schiene. Pornographie unterstützt Treue.

In Köln klafft da aber leider eine Lücke, wie gesagt. Das Angebot befriedigt die Nachfrage nicht einmal ansatzweise. Das Ergebnis ist, dass Köln so etwas wie das Mekka der Prostitution ist. In Köln arbeiten um die sechstausend Huren, und wir sind sicher, keine von ihnen hat Angst vor einer Rezession. Achtzehntausend Kunden am Tag sorgen für ein reichhaltiges Auskommen. Der Andrang ist so groß, dass man sogar einen offiziell genehmigten Straßenstrich eingerichtet hat, inklusive so genannter »Verrichtungsboxen«. Die an Bequemlichkeit zu wünschen übrig lassen, wie der Autor dieser Zeilen findet.

Frauen mögen ja keine richtigen Pornos, und wir verurteilen sie dafür nicht. Wir verurteilen sie lediglich dafür, dass sie stattdessen dämliche Kitsch-Romane lesen und sich darauf auch noch was einbilden. Als ob das besser wäre! Dr. Udo von Simmel, der gut aussehende Frauenarzt und -versteher, der sukzessive seine ganze Patientinnenkartei durchbumst, aber immer mit Gefühlen und Romantik und Zärtlichkeit und den ganzen billigen Bausteinen, die zu dieser grandiosen Frauen-Verblödungsmaschinerie gehören. Dann doch lieber »Best of Gina Wild«, das hat wenigstens eine originelle Handlung – nämlich gar keine. Das hat sich nicht mal Fellini in dieser Konsequenz getraut.

Viele Frauen stellen sich ja gerne die aktuellen Bestseller von Grass, Rushdie oder Rademacher in die Regale und verstecken ihre Cora-Heftchen im Wäscheschrank. Wissenschaftler behaupten allerdings, dass Frauen häufiger Sex haben, wenn sie sich mit solchen Büchern beschäftigen. Das ist also ein guter Grund, kölsche Liebesromane rauszugeben.

Bei Pornographie wiederum gibt es ja sowieso einen wichtigen Unterschied zwischen Männern und Frauen: Männer reagieren auf visuelle Reize, Frauen auf akustische. Deshalb wollen Männer nackte Frauen sehen und Frauen Komplimente hören. Versuche, Frauen mit optischer Darbietung von Erotik zu ködern, schlagen fehl. Aber dafür sind sie verrückt nach männlichen Musikern, die Liebeslieder trällern. Sogar so unfassbar hässliche Menschen wie Mick Jagger oder eben so ziemlich jeder kölsche Sänger, ganz egal welcher Richtung, werden von Frauen angebetet. »Worte statt Taten« ist der Schlüssel zum Herzen einer Frau, und nicht nur zum Herzen. Was meinen Sie, warum so viele junge Männer Rockstars werden wollen? Weil sie ihre tiefsten Empfindungen und Überzeugungen hinausschreien wollen? Oder doch, um möglichst viele Schnecken zu schieben?

Die Kölner Musikanten – ganz gewiss musikalische Genies auf der Höhe von Bach, Brahms und Bohlen – sind mehrheitlich freilich dermaßen asexuell, dass aber auch nicht die geringste erotische Schwingung rüberkommt. Die Jungs von Brings tun ihr Bestes, aber ihr breiter kölscher Dialekt verdirbt den meisten Frauen dann doch die Laune. Der verbale Erotik-Faktor bleibt sowieso aus, weil sogar die meisten Kölnerinnen kein Wort verstehen. Frauen sind auf der Suche nach Phantasie-Anregungen in Köln noch aufgeschmissener als die Männer.

Auch Pornographie für Fortgeschrittene, das gute alte Spannen, findet in Köln nicht statt. Anders als in München gibt es keinen Park, wo Männer und Frauen nackt am Rumliegen sind. Und wenn Sie bisher aufmerksam gelesen haben, werden Sie unseren Standpunkt verstehen: Gott sei Dank. Es ist schon schlimm genug, in Kölns Parks um Hundescheiße, Glasscherben und Essensreste herumzubalancieren. Da wollen wir nicht noch eine Augenbinde tragen müssen, damit uns der Anblick nackter Kölner erspart bleibt.

Was den Kölnern immerhin bleibt, sind schmutzige Witze. Das Kölner Festkomitee hat zwar einen Bannfluch über so genannte »Zoten« verhängt, aber noch ist seine Macht nicht so groß, dass sich die Kölner nicht einmal mehr untereinander schweinische Witze erzählen können. Wohlgemerkt: noch nicht. Männer machen jedenfalls furchtbar gern Witze über Sex. Wir erzählen mal eben einen, zur Demonstration.

Kommt ein Kölner zum Orgasmus. Sagt der Orgasmus: »Was kann ich für Sie tun?« Sagt der Kölner: »Können Sie mal meine Frau besuchen? Die glaubt einfach nicht, dass es Sie gibt.«

Vielleicht etwas zu intellektuell, für Büttenreden ungeeignet. Die Leute würden sagen: »Wie jetzt? Der Orgasmus kann reden? Versteh ich nicht! Was soll der Quatsch?« Ist ja auch egal. Witze über Genitalien und sexuelle Verfehlungen schaffen dem verklemmten Kölner etwas Luft, ohne dass es in Pornographie ausartet. Aber man darf wenigstens in der Phantasie schwelgen, man habe Kontakt zur Welt der Sexualität.

Frauen erzählen sich keine schweinischen Witze. Wenn sie mit Kölnern ins Bett gehen, empfinden sie Sex-Scherze als gleichwertig mit Witzen über Behinderte. Das ist so traurig, darüber lacht man nicht. Natürlich ist das für Männer genau der Punkt, die machen Witze über tragische Dinge, um damit besser fertig zu werden. Frauen verarbeiten Katastrophen, indem sie darüber reden und ihre Emotionen ausdrücken, in Form von Weinen und ähnlichen Flüssigkeitsabsonderungen. Wenn Männer Witze über Sex machen, dann um ihrer Frustration über ihr gescheitertes Sexualleben Ausdruck zu verleihen. Witze und Humor lindern den Schmerz beim Mann, denn sowohl beim Lachen wie beim Weinen setzt das Gehirn Glückshormone frei. Für den Kölner, der Ihnen bei der unpassenden Gelegenheit solche Witze erzählt, erfüllen sie also gleich zwei Funktionen: erstens Trieb-Abreagierung, zweitens Frust-Abbau. Es hilft freilich nicht viel, eher erhöht es den Frust beim Zuhörer. Denn das sehr spezielle Humorverständnis des Kölners, das ihn Millowitsch-Schwänke als witzig empfinden lässt, verhindert jeden Anflug pointierter Komik.

Aber es geht natürlich nicht nur um Pornos, Kitschromane und schweinische Witze. Das waren jetzt nur Beispiele für ein ganz bestimmtes Prinzip. Wenn wir uns fragen, worauf Kölner und Kölnerinnen speziell besonders scharf sind, ist die Antwort äußerst simpel:

Kölner sind scharf auf alles Kölsche.

Kölner können sich ihr Leben lang für eine bestimmte Sportart nicht die Bohne interessieren, aber sobald sie erfahren, dass ein Kölner oder jemand aus der Region in dieser Disziplin besonders erfolgreich ist, mutieren sie in Sekundenbruchteilen zu Fans dieses Sports und des Athleten (und lassen selbigen sofort wieder fallen, sobald er Misserfolge einfährt). Michael Schumacher, Tim Lobinger, Jutta Kleinschmidt, das sind nur ein paar Beispiele. Sollte der nächste Bumerang-Weitwurf-Weltmeister aus Deutz stammen, werden sich die Kölner sofort alle australische Wurfinstrumente beschaffen und sich im Rheingarten gegenseitig erschlagen.

Alles, was vermeintlich typisch kölsch ist, löst beim Kölner sofort eine Ausschüttung von Glückshormonen aus, und in besonders krassen Fällen führt es zu sexueller Stimulation. Hier ein paar Tipps für die Schaffung erotischer Schwingungen im Umgang mit Kölnern.

Für Männer

1. Singen Sie ihr ein Liedchen op kölsch, in dem möglichst häufig das Wort »Futz« vorkommt.
2. Sagen Sie ihr, sie sei schöner als jede Düsseldorferin.
3. Gehen Sie mit ihr zu BAP (Ohrenstöpsel nicht vergessen).
4. Füllen Sie Ihr Wasserbett mit Kölnisch Wasser (kostet ja nix).
5. Melden Sie Ihre ernsthaften Absichten an, indem Sie in ihren Hauseingang pinkeln.

Für Frauen

1. Lassen Sie ihn fahren, auch wenn er acht Liter Kölsch getrunken hat.
2. Sagen Sie ihm, dass Sie Dirk Lottner für den meistunterschätzten Fußballer der Welt halten.
3. Gehen Sie mit ihm in den Dom und entblößen Sie Ihre Brüste.
4. Essen Sie vor seinen Augen genüsslich eine Blutwurst (Magentabletten nicht vergessen).
5. Sagen Sie ihm, er sei schöner als Tommy Engel. Achten Sie dabei darauf, keinen ironischen Tonfall anzuschlagen.

Beim Karneval gibt es gewisse kölsche Kostümierungen, die Paarungsbereitschaft signalisieren, aber nur an Kölner. Wenn eine Frau einen Hut oder Ähnliches auf dem Kopf trägt, der entfernt an die Domspitzen erinnert, so ist sie an Imis nicht interessiert. Alle anderen Frauen wollen allerdings die Gelegenheit ergreifen und mal mit jemandem ins Bett gehen, der ein paar Zentimeter größer ist als sie selber. Nichts für ungut, aber die Kölner sind nun einmal Zwerge. Vielleicht tragen sie die Nase immer so hoch, damit sie nicht mit dem Kopf irgendwo gegendonnern. Worauf es letzten Endes hinausläuft:

Wer sexuell attraktiv für Kölner sein will, muss sich als Freund alles Kölschen zu erkennen geben.

Was im Übrigen erklärt, warum der Autor dieser Zeilen bisher fast ausschließlich mit Imi-Frauen zu tun hatte. Wir haben schon mehrfach die Erfahrung gemacht, dass Kölnerinnen sehr schnell das Interesse verlieren, sobald man durchblicken lässt, dass man durchaus auch andere Städte für lebenswert hält. Wenn Sie sich nicht verstellen wollen oder können, müssen Sie versuchen, das ganze Thema Köln einfach weiträumig zu umfahren. Das ist verdammt schwierig, denn es ist nun mal das Lieblingsthema der Kölner und Kölnerinnen. Am besten behaupten Sie einfach, Sie wären erst seit kurzem in der Stadt. Ihr kölscher Gesprächspartner wird aufblühen und Ihnen sofort einen vom Päd erzählen über Kölle. Enthalten Sie sich jeden Kommentars, nicken Sie freundlich und versuchen Sie, irgendwie auf Themen wie Politik, Benzinpreise oder die Haarfarbe des Dienst habenden Bundeskanzlers umzuschwenken.

Zum Abschluss dieses zugegebenermaßen etwas kapriziösen Kapitels noch eine letzte Frage: Neigen selbstzufriedene Menschen verstärkt zur Selbstbefriedigung? Wenn ja, dann müssten eigentlich alle Kölner mit verstauchten Handgelenken herumlaufen. Tatsächlich scheint es uns in Köln überproportional viele Orthopäden zu geben, aber das ist wahrscheinlich nur Einbildung. Es gibt allerdings besonders viele Logopäden, allein schon, weil die Kölner einfach kein »ch« aussprechen können – das nur am Rande. Jedenfalls ist Masturbation in den Augen der Kirche eine Sünde, und damit auch in den Augen der Kölner.

Die sind zwar gar nicht so gläubig, die Kirche ist ihnen ziemlich schnuppe, aber so leicht vergisst man seine Erziehung halt doch nicht. Die Kirche hier achtet auch sehr darauf, ihren Einfluss schon ab frühester Kindheit geltend zu machen, indem sie immer häufiger nichtkatholische Kinder aus ihren Kindergärten ausschließt. Sie betrachtet jeden Dreijährigen als Christus-Azubi, und davon steckt viel drin in den Kölnern, auch wenn sie längst erwachsen und aus der Kirche ausgetreten sind. Das machen die dann meistens wegen dem üblichen Mumpitz (»Was ist das für ein Gott, der Kriege und Hunger zulässt?« – als ob Gott Präsident der USA wäre!), aber von ihrer christlichen Erziehung bleibt viel hängen. In der Bibel steht freilich so gut wie nichts zum Thema Masturbation. Aber es gibt ja schließlich kein Gebot namens »Du sollst dir einen runterholen«. Es gibt natürlich auch kein Gebot »Du sollst nicht Gabelstapler fahren«, aber mit Logik halten sich Theologen nur ungern auf.

Früher verfolgten auch Psychologen die Theorie, dass Masturbation zur Verblödung führte. Hippokrates glaubte, sie verursache beim Mann Rückenmarkschwund. Da fragen wir uns doch, was genau Ärzte eigentlich meinen, wenn sie den hippokratischen Eid schwören. Andererseits ist wie schon erwähnt nachgewiesen worden, dass der Mann länger lebt, je häufiger er sein Saatgut ausstreut. Wenn Sie Ihren Mann oder Sohn mal dabei erwischen, regen Sie sich also nicht auf, der Gute versucht nur, sein Leben zu verlängern.

Aber zurück zum Ausgangspunkt. Die Eigenliebe der Kölner, die ja ausführlichst behandelt wurde in diesem Buch, führt sie etwa auch zu häufigerer körperlicher Eigenliebe? Kann man darüber wirklich eine nachprüfbare Theorie aufstellen? Man kann, wenn man will. Wir weisen nochmals darauf hin, dass die Kölner nicht so viel Sex haben, hauptsächlich, weil die Frauen sie nicht ranlassen. Irgendwie müssen sie sich also abreagieren, und sie können nicht ständig vergewaltigen – so ab dem zwanzigsten, dreißigsten Mal fängt dann sogar die kölnische Polizei an, das Ganze nicht mehr witzig zu finden.

Zudem hat der Kinsey-Report herausgefunden, dass unter allen Berufsgruppen die Akademiker am häufigsten zur Selbstmassage neigen. Köln beherbergt die nach der Anzahl der Studenten größte Universität des Landes, und eine Umfrage des wissenschaftlichen Magazins »Playboy« ergab unmissverständlich, dass Kölner Studenten mit Abstand am seltensten Sex haben. Auf täglicher Basis sind es nur 3,4 Prozent, und es ist ja wohl ein D'Accord, dass man genau in diesem Lebensabschnitt am meisten Sex haben sollte. One-Night-Stands kennt der Kölner Student nicht. Auch unsere Auffassung, dass Kölner insgesamt doch eher scheiße aussehen, fand in dieser Erhebung Bestätigung: Nur 1,7 Prozent der befragten Studenten fanden ihre Kommilitonen »sehr attraktiv«, im Gegensatz zur Uni Mainz, wo es fette 22,1 Prozent waren. Woran man sieht: Auch in einer Karnevals-Hochburg kann es gut aussehende Menschen geben. Die Kölner jedoch, sie müssen sich selber helfen.

Wir glauben übrigens nicht an Populärpsychologie, die uns wahrscheinlich einreden will, die Türme des Doms seien Phallussymbole und die Kölnarena eine große Vagina. Wir wollen auch nicht darüber spekulieren, wieso Kölsch in dieser Stangenform serviert wird, von der man zuerst den weißen Schaum wegschlürft. Aber warum die Jungfrau im Dreigestirn von einem Mann dargestellt wird – okay, das dürfte wohl jedem klar sein.

Homo- wie Heterosexuelle betreiben,
wenn die Hormone Betriebsfest haben,
ganz gerne mal Geschlechtsverkehr.
MAX GOLDT

schwuler geht's nicht

es wird oft und gern behauptet, mindestens zehn Prozent der Kölschheit tendiere zum eigenen Geschlecht. So sehr wir das auch glauben möchten – schließlich bleiben dann mehr Frauen für uns –, es stimmt nicht. Es kommt einem nur so vor. Frauen glauben es, weil fast jeder halbwegs attraktive Typ, den sie anbaggern, sich als schwul herausstellt. Aber das ist halt nur ein grundsätzlicher Fehler der Frauen. Die sollen gefälligst unattraktive Männer angraben, da gibt's gleich schon mal eine ganz andere Trefferquote. Und an unattraktiven Männern hat's in Köln ja nun wirklich keinen Mangel.

Eigentlich wäre die Zahl zehn gar nicht so was Besonderes, nach wissenschaftlichen Schätzungen ist weltweit jeder zehnte Mensch homosexuell veranlagt. In Köln ist es komplizierter. Dass es hier viele Schwule gibt, ist gar nicht zu übersehen. Es gibt sehr viele Schwulentreffs und entsprechende Kneipen und Bars mit integrierten Nasszellen und gemütlichen Kerkern, was man halt so braucht, um den Klischees Genüge zu tun. Jedoch, wenn man nur nach Äußerlichkeiten und ganz allgemein nach dem Gebaren der meisten Kölner geht, kann man locker behaupten:

In Wirklichkeit sind nicht zehn Prozent der Kölner schwul, es sind hundert Prozent der Kölner bisexuell!

Kölns Status als Homo-Hochburg (»HoHo«) ist nichts anderes als Wunschdenken von denen, die gerne in einer solchen leben würden.

Beweise? Sie wollen Beweise? Gehen Sie mal mit offenen Augen durch die Straßen. Allein der kölsche Schnauzbart, der in Ur-Veedeln wie dem Severinsviertel, Ehrenfeld oder Nippes immer noch sehr präsent ist, würde in jedem Knast Entzückensschreie auslösen. Die übersteigerte Begeisterung für hirnlose, seichte Tanzmusik ist ebenfalls ein untrügliches Indiz. Zum Kultur-Inventar der Stadt gehört ein Volkssänger, dessen englischer Künstlername so viel wie »Monsterschwanz« bedeutet, und das ist noch nicht mal besonders frei übersetzt. Die beliebteste Kölsch-Band Höhner führt sich ganz allgemein so unglaublich schwul auf, dass man sich fragt, wieso die zum Schutze unserer Kinder, die vielleicht so werden wollen wie die, im Radio nicht verboten sind. Freilich gäbe es dafür noch andere Gründe, aber das wollen wir jetzt hier nicht breittreten. Übrigens bedeutet der Name der Band gar nicht Höhner, das ist kölscher Dialekt. Die Band, die nur aus Männern besteht, diese reine Männerband heißt in Wirklichkeit auf Hochdeutsch: Hühner.

Fassen Sie sich. Das ist hart, gewiss, aber was soll man machen? Die Kölner tun immer so, als wäre das überhaupt nichts Besonderes. Und man kann nur bedingt behaupten, dass die Höhner eine Schwulenband sind. Das einzig Verwirrende für den Imi ist, dass sie sich alle Mühe geben, wie eine zu *wirken*. Die Kölner dagegen sehen und hören sich das an und denken: »Hey, die Höhner, die wissen echt, wie man Stimmung macht.«

Woran liegt das nun, dass die Kölner so schwul sind? Nun, in seinem mehrjährigen Selbstversuch in Köln musste der Autor dieser Zeilen feststellen, dass die Vorstellung, irgendwelche Schwellkörper von anderen Männern oral zu stimulieren, ihm noch immer genau so fremd ist wie zu seiner Zeit als Außer-Kölnischer. Dies legt zwei Schlüsse nahe: Entweder ist die Bisexualität der Kölner schlicht angeboren, vererbt, in die DNA eingemeißelt wie die Unfähigkeit, ein zu groß geratenes Kuhkaff von einer echten Metropole zu unterscheiden, oder – und das ist eher unsere Theorie – die Kölner unterliegen irgendwelchen Einflüssen, denen wir uns erfolgreich entziehen konnten. Und falls nicht gerade beim Kölsch-Brauen ein homosexualisierender Stoff freigesetzt wird, fällt uns eigentlich nur eine urkölsche Sache ein, der wir konsequent aus dem Wege gehen. Es ist der Karneval.

Wir haben ihn schon oft erwähnt in diesem geschmacklosen Buch, aber man kommt einfach nicht um ihn rum, egal wie oft man es versucht. Als Außenstehender gewinnt man leicht den Eindruck, als wäre der Kölner Karneval nicht von den Preußen, sondern von einer Horde schwedischer Matrosen erfunden worden. Auch der allerschwulste Tuntenkönig würde es sich wohl im Traum nicht einfallen lassen, öffentlich auf einer Bühne seinen Arsch am Arsch eines anderen Mannes zu reiben. Die »Roten Funken« aber schon, sogar auf dem Neumarkt. Nein, sehen Sie sich das nicht an. Es ist e-kel-er-re-gend. Wenn die wenigstens halbwegs aussehen würden, aber es sind alles nur Männer mittleren Alters vom Typ Sparkassen-Filialleiter, gewandet in bunte Uniformen. Schauderhaft.

Das allseits beliebte »Funkenmariechen«, eine Art jeckes Gogo-Girl, wurde bis in die zwanziger Jahre hinein von Männern im Röckchen verkörpert. Männer in Frauenkleidung sind immer noch ein unverzichtbarer Standard-Gag auf jeder Sitzung. Und während das Düsseldorfer Prinzenpaar aus einem Mann und einer Frau besteht, was ja eigentlich irgendwo nahe liegt, besteht das Dreigestirn Köln aus zwei Männern und einem Transvestiten. Das wird mit »Tradition« begründet, aber es gab in Köln auch mal eine Tradition, nach der man bei Bedarf einfach aus dem Fenster kackte. Damit haben die Kölner aber auch schon vor Jahren gebrochen. In den meisten Bezirken.

Die Kölner Kultur ist angefüllt mit homoerotischen Elementen.

Was war zuerst da: der Homo oder das Alaaf? Waren die Kölner schon immer latent homosexuell und brauchten nur ein Ventil für ihre unterdrückten Neigungen? Oder haben alberne, im Suff geborene Traditionen aus dem neunzehnten Jahrhundert eine schleichende Tuntisierung eingeläutet? Wir wissen es nicht, aber es wäre ein interessantes Experiment, überall auf der Welt, wo Intoleranz gegenüber Schwulen besonders ausgeprägt ist, einen Kölner Karneval aufzuziehen, um mal zu sehen, wie die Bevölkerung reagiert. Obwohl, wenn man genauer darüber nachdenkt, vergessen Sie's lieber.

Homosexualität ist angeboren, das ist inzwischen wissenschaftlicher Konsens. Daraus könnte man schließen, dass sich im Verlauf der Jahrtausende bei den Kölnern eine gewisse genetische Präferenz entwickelt hat, gegen die man auch gar nichts machen kann. Ist gut möglich: Immerhin ist Köln ursprünglich eine römische Kolonie gewesen, und wir wissen ja, wie es die alten Römer so getrieben haben. Ob das immer noch in den Kölnern steckt? Vielleicht ist es auch die Antwort der Natur auf etwaige Übervölkerung? Will die Natur verhindern, dass es noch mehr Kölner gibt?

Nun, das mag alles sein. Die Wahrheit sieht aber wohl eher so aus, dass eben ein großer Teil der offenen Schwulen nicht hier geboren wird, sondern hierher zieht, einfach weil es hier eine breite homosexuelle Infrastruktur gibt, die man wahrscheinlich in Hückelhoven oder Osnabrück so nicht antrifft (das wollen wir zumindest hoffen). Auf dem Lande glauben die Leute, dass es bei ihnen keine Schwulen gibt, und wahrscheinlich haben sie Recht. Die kommen alle nach Köln, Bochum und Berlin.

Das alles bezieht sich in erster Linie auf Männer, die Lesbenszene Kölns scheint nicht ganz so stark zu sein, sie besteht im Wesentlichen aus Hella von Sinnen. Aber das reicht ja wohl für eine Millionenstadt. Okay, ein kleiner Scherz. Lesben sind eben in der Regel unauffälliger und diskreter, nicht aus Scham, sondern weil ihnen im Gegensatz zu ihren männlichen Gegenparts nicht jedes Taktgefühl abgeht.

Die kölnischen Lesben haben auch beim Kennenlernen eine andere Herangehensweise. Auffällig ist zum Beispiel, dass im Kontaktanzeigenteil der StadtRevue die Rubrik »W/W« sehr viel umfangreicher ist als ihr Pendant »M/M«, obwohl nach Meinung der

Wissenschaft auf zehn schwule Männer eine Lesbe kommt. Während also die männliche Abart der Spezies Homo fröhlich in Bars und Darkrooms auf die Pirsch geht, ist die Kölesbe erfreulich zurückhaltend und macht keinen Aufstand um ihr kleines Hobby. Darüber hinaus muss man sagen: Die kölnischen Lesben, so weit wir das beurteilen können, sind wohl einer der faszinierendsten Menschenschläge, die dieser Planet zu bieten hat. Hier mal ein paar Auszüge aus Original-Kontaktanzeigen in der erwähnten StadtRevue.

> »**Im Frühjahr wird die Katze rollig,**
> auch wir zwei Frauen sind dann drollig!
> Wollen Stammtisch gründen.«

> »**Hi, ich bin nicht die Briefträgerin**
> oder die Prinzessin auf dem Schimmel
> und habe es doch geschafft 50 Jahre
> jung zu bleiben.«

> »**Frauen lieben Frauen mit SM.** Und
> weil das so ist, und wir wissen, wie
> schwierig es ist, Gleichgesinnte zu
> finden, treffen wir uns zum Klönen,
> Austauschen, zum Bierchen etc. trinken
> in Köln jeden 1. Montag im Monat …«

Wir waren noch nicht da, aber vielleicht gehen Sie mal hin und berichten uns dann. Uns fehlt doch das Vorstellungsvermögen, um uns einen Stammtisch mit lesbischen Damen auszumalen, die sich beim Bierchen etc. trinken darüber austauschen, wie gerne sie sich die Brustwarzen mit Kerzenwachs bekleckern oder sich Piercing-Nadeln in die Schamlippen wuchten.

Selbstverständlich wird per Anzeige auch für lesbische Karnevalssitzungen geworben (»Jecke Lesben opjepass!«), und es gibt auch Anzeigen, die u.a. ein »Lesben-Doppelkopf-Turnier« ankündigen. Und solange »Doppelkopf« nicht die Bezeichnung für irgendeine dubiose orale Sexualpraktik darstellt, erhebt sich doch die Frage, ob die Lesben in Köln noch alle Tassen im Schrank haben.

Übrigens sehnen sich auch unsere lesbischen Schwestern nach »Kerzenschein«, »guten Gesprächen bei Wein« und »Spazieren durch den Winterwald«. Frauen sind schon erstaunlich. Sie können sich zwar vorstellen, bei ihrem Partner einfach mal auf ein anderes Geschlecht umzurüsten, das ist kein Problem, aber den Romantik-

Mumpitz aus den Liebesfilmen der sechziger Jahre, den kann man ihnen nicht ausreden. Besonders nicht in Köln, wo auch die schrägsten Außenseiter ein unbändiges Verlangen nach spießigem Durchschnittsbürgertum verspüren.

In Köln findet einmal pro Jahr der »Europride« statt, ein deutscher Abklatsch des »Christopher Street Day«. Offenbar war man der Auffassung, dass es in Köln einen eklatanten Mangel an Umzügen mit blöder Musik und dämlichen Kostümen gibt. Und so kann man jedes Jahr beobachten, wie ein paar Hundertschaften größtenteils junger Menschen halb nackt oder bunt angemalt im Schneckentempo auf Festwagen durch die Innenstadt zockeln, um jeden darauf hinzuweisen, welche sexuellen Vorlieben sie haben. Auch die schwulen Kölner können es übrigens nicht lassen, sich in realitätsfernen Lokalpatriotismus hineinzusteigern und so zu tun, als sei der Kölner »Europride« die einzige oder wenigstens größte Veranstaltung dieser Art, dabei gibt es sie allein in Deutschland auch noch in Berlin, München, Hamburg und Frankfurt, ganz zu schweigen von dem Original in New York und den entsprechenden Umzügen in London und Sydney.

Das Ganze soll wohl die Toleranz gegenüber homosexuellen Mitmenschen stärken, aber Sie haben vielleicht an unserem leicht sarkastischen Tonfall gemerkt, dass der »Eurostolz« (ein Name, den man aufgrund der immer noch geringen Akzeptanz der europäischen Gemeinschaftswährung vielleicht mal überdenken sollte) bei vielen eher das Gegenteil erreicht.

Da gibt man sich Mühe, SchwuLesben als ganz normale Leute mit einem witzigen Spleen im Genitalbereich anzusehen. Stattdessen lernt man, dass der normale Schwule ein geschmacksverwirrter Zappel-Freak vom Planeten Schizophrenia ist. Wenn Sie Ihren letzten Rest Toleranz gegenüber der homosexuellen Minderheit nicht verlieren wollen, sehen Sie sich das lieber nicht an. Sollten Sie gerade überlegen, ob das andere Ufer vielleicht auch Ihr eigener bevorzugter Anlegeplatz ist, könnte Sie dieser Umzug geschwind vom Gegentum überzeugen. Mit solchen Leuten möchte man eigentlich nicht auf der Straße gesehen werden, nicht einmal auf der Christopher Street. Die Zuschauer sind sowieso alles Heteros, die sich nur einen abgrinsen wollen über die schrillen Perversen – »Tucken gucken« nennen sie das. Wie wär's, wenn man diese Gestalten in einem Zoo in Käfige steckt, damit sie sich dort den ganzen Tag anglotzen lassen können? Es gäbe garantiert eine Menge Freiwillige.

Der »Europride« hat übrigens dauernd Geldprobleme. Offenbar sind auch die meisten echten Schwulen und Lesben eher desinteressiert. Das hat nichts mit Angst vor der Öffentlichkeit zu tun, sondern mit der nicht ganz zu leugnenden Ansicht, dass die Genitalpräferenzen eines Menschen seine Privatangelegenheit sind. Wir wollen auch nicht unbedingt einen Umzug sehen mit Menschen, die sich gerne Pfeifenreiniger in die Harnröhre schieben, oder vielleicht eine Demo, die Toleranz einfordert für diejenigen unter uns, die in Turnschuhe masturbieren (wir empfehlen übrigens die Marke »New Balance«). Wäre sicher mal lustig, aber ob das die Toleranz fördert, das bezweifeln wir doch jetzt mal 'n Stück weit. Und wieso »Pride«? Stolz sein auf eine genetische Veranlagung? Hoppla, wie schnell man doch in Versuchung kommt, einen der heutzutage in Diskussionen so beliebten Nazi-Vergleiche heranzuziehen. Machen wir natürlich nicht, das wäre speziell in diesem Fall äußerst widersinnig. Übrigens gibt es unseres Wissens auch keinen Umzug für Heterosexuelle, dabei verdienen wir doch auch Toleranz. Als heterosexueller Kellner wirst du in Köln doch schon nicht mehr für voll genommen.

»Europride« torpediert die Akzeptanz von Homosexuellen.

Warum muss man überhaupt die Akzeptanz von SchwuLesben fördern in einer Stadt, die angeblich genau für diese Toleranz bekannt ist? Müsste man so was nicht eigentlich woanders machen, sagen wir in Passau, Frankfurt/Oder oder meinetwegen, harhar, Darmstadt?

Nein, so ist es gar nicht. Wir wagen eine These: Die Kölner sind überhaupt nicht toleranter als andere. Sie sind genauso homophob und verklemmt wie alle anderen, wahrscheinlich eher noch mehr, wir reden schließlich von einer traditionellen erzkatholischen Provinz-Enklave. Die Kölner haben lediglich das Gefühl, toleranter sein zu müssen oder dies vorzugeben, weil es allgemeiner Konsens ist, dass dies zur kölschen Lebensart gehört. Aber natürlich gibt es auch hier Spießbürger, die in der Kneipe über Schwule und Asylanten herziehen. Aber der Unterschied besteht darin, dass sie es mit kölschem Akzent tun! Und was immer man auch op kölsch säät, klingt viel zu nett und harmlos, um böse zu sein. Der Kabarettist Wilfried Schmickler hat für solche Individuen die bestechende Bezeichnung »freundlicher Faschist« geprägt. Diesem Menschenschlag ist er in seiner hiesigen Stammkneipe begegnet.

Aber das kriegt man eben erst mit, wenn man richtig auf Tuchfühlung zu Kölnern geht. An der Oberfläche pflegt der Kölner sein Image gerne, nur um sich anzupassen und als echter Kölscher zu brillieren. Hätte man irgendwann behauptet, der Kölner an sich hätte eine Vorliebe für Tätowierungen in Form eines Schirmständers, würden Tausende mit genau so was rumlaufen. Etwas Ähnliches gab es schon mal, weshalb viele Kölner heute noch gerne Roggenbrötchen mit Käse und Senf essen und das für ein Nahrungsmittel halten – einfach weil das hier so Brauch ist.

Kölner sind gegenüber Schwulen nicht toleranter als andere.

Der originale »Christopher Street Day« entstand übrigens als Reaktion auf Gewalt gegenüber Schwulen in New York. Insofern ist er doch ganz gut aufgehoben in Kölle. Auch hier wird berichtet von »Schwulenhassern, die am Aachener Weiher und am Ring Jagd auf Homosexuelle machen«, so der grüne Bundestagsabgeordnete Volker Beck. Das »Schwulen-Überfall-Telefon« (19228) hat genug zu tun, es gibt sogar Fälle, in denen Leute getötet werden. Manche Schwulen-Aktivisten, die von solchen Überfällen berichten, betrachten die Toleranz der Kölner ohnedies als »Märchen« und »Konstrukt des Stadtmarketing«. Das ist vergleichbar mit der allgemein verbreiteten Auffassung, Köln sei im Dritten Reich fast eine Art Widerstandsnest gegen Hitler gewesen. Nichts könnte weiter von der Wahrheit entfernt sein.

Aber machen Sie sich keine Sorgen. Köln ist ganz sicher nicht schlimmer als andere Städte. Freilich, einen schwulen Bürgermeister wie in Berlin oder Hamburg kann man sich hier nicht vorstellen. Nicht einmal eine heterosexuelle Frau würde akzeptiert. Und auf keinen Fall ein schwuler Karnevalsprinz. Das mag seltsam erscheinen, schließlich reden wir hier von einem Job, bei dem man als Mann Strumpfhosen tragen darf (und als Jungfrau sogar Damengarderobe). Als vor ein paar Jahren die warme Bruderschaft »Rosa Funken« in den Kölner Karneval aufgenommen wurde, feierte man dies als grandiosen Beweis für die kölsche Toleranz gegenüber der schwulen Fachwelt. Leider machte ausgerechnet Düsseldorf dieser Auffassung einen Strich durch die Rechnung, denn dort war ein Jahr später der offizielle Karnevalsprinz ein bekennender Homosexueller. Niemand in Düsseldorf störte sich daran, während wir uns sehr gut vorstellen können, was das Kölner Festkomitee dazu sagen würde. Zur »Rosa Sitzung« ist es uns allerdings ein großes Bedürfnis, folgende Meinung kundzutun: Wenn es das ist, was Homosexuellen gefällt - was wir übrigens bezweifeln -, dann haben die Kölner Schwulen wahrscheinlich noch weniger Sex als die Heteros.

Genug gemeckert. Unterm Strich bleibt Positives. Es ist gut möglich, dass es gerade diese versteckte Homophilie ist, die aus den Kölnern das leutselige, harmoniesüchtige Völkchen macht, das es trotz mancher Vorbehalte tatsächlich ist. Schon im antiken Griechenland war man der Meinung, dass gegenseitige erotische Gunstbezeugungen unter Männern das Gemeinwesen stärken. Die Christen setzten dem ein Ende, und es ist ein vergnüglicher Treppenwitz der Regionalgeschichte, dass ausgerechnet das ehemals ultrakatholische Köln unter dem homophobischsten Kardinal seit der Spanischen Inquisition eine HoHo geworden ist. Da sieht man mal, was dabei herauskommt. Hätte die Kirche beizeiten gesagt »Wir finden gleichgeschlechtlichen Sex aber so was von spitze«, dann wären die

Kathedralen heute wohl rappelvoll mit aufrechten Christen, die wahrscheinlich auch viel schwungvollere Lieder singen würden. Und das Problem mit den Priestern und den Chorknaben wäre auch nicht so evident, weil man da von Anfang an diverse Riegel vorgeschoben hätte. Man kennt ja seine Tuckenheimer.

Nun, ich bin alt, übel riechend und schrullig,
und zweifellos ist alles, was ich gesagt habe, Unsinn.
STEPHEN FRY

schlusswort

Und damit sind wir am Ende dieses Buchs. Ich hoffe, Sie fanden es nicht halb so blöd wie meine Ex-Frau. Die ist nämlich ziemlich blöd, harhar. Oh nein, da war er wieder, dieser fiese, zynische Humor, den Kölner gar nicht gerne hören, zumindest nicht in Bezug auf sich selbst. Sollte ich Ihnen an manchen Stellen zu soft vorgegangen sein, bitte ich um Nachsicht. Aber der erste Rohentwurf strotzte nur so vor herabsetzenden Verbalinjurien, da hätte Quentin Tarantino noch von lernen können. Der beschissene Mutterficker.

Sollte es die eine oder andere Frau geben, die mir in den letzten Jahren begegnet ist und die sich durch manche Stelle in diesem Buch direkt angesprochen wähnt, kann ich nur sagen: Na klar, aber hallo! Was hast du denn gedacht? Irgendeine Rache muss man mir doch zugestehen für all die Teller, Flaschen, Regenschirme und Ziegelsteine, die mir nachgeschmissen wurden. Ich hab immer noch kein Gefühl in meinem rechten Ohrläppchen!

Imi-Frauen sind da zum Glück anders. Die benutzen dich ein paarmal und melden sich dann nicht mehr. Das lob ich mir, schließlich hab ich auch noch was anderes zu tun, als mich mit sämtlichen Frauen, die ich in meinem Bett vorfinde, zu »unterhalten« oder mir ihre Namen zu merken. Sollte sich eine Frau durch dieses Buch in irgendeiner Form beleidigt fühlen, bitte ich um Entschuldigung. Für die Männer gilt das nicht, die sollen die Klappe halten.

Köln, im Oktober
Falko Rademacher

Literaturnachweis

»Warum Männer nicht zuhören und Frauen schlecht einparken« (Allan & Barbara Pease, Ullstein 2002)
»Warum Männer lügen und Frauen immer Schuhe kaufen« (Allan & Barbara Pease, Ullstein 2002)
»Lexikon für Frauen/Lexikon für Männer« (Fabian Zonk, Nicole Riebling, Schwarzkopf & Schwarzkopf 2002)
»Männer wollen nur das Eine und Frauen reden sowieso zu viel« (Wolfgang Hars, Argon 2001)
»Paperweight« (Stephen Fry, Haffmans 1996)
»Stupid White Men« (Michael Moore, Piper 2002)
»Schwamm drüber, Sir« (P.G. Wodehouse, dtv 1985)
»Der Waffenhändler« (Hugh Laurie, Haffmans 1997)
»Ab ins Bett!« (David Baddiel, Rowohlt 1999)
»Eine Reise durch das Land der Bekloppten und Bescheuerten« (Dietmar Wischmeyer, Ullstein 1997)
»Zweite Reise durch das Land der Bekloppten und Bescheuerten« (Dietmar Wischmeyer, Ullstein 1999)
»Das Paradies der Bekloppten und Bescheuerten« (Dietmar Wischmeyer, Ullstein 2000)
»Quitten für die Menschen zwischen Emden und Zittau« (Max Goldt, Haffmans 1993)
»Kucken, ob's tropft« (Fritz Eckenga, Edition Tiamat 1997)
»Da wissen Sie mehr als ich« (Jürgen Becker, Kiepenheuer & Witsch 1998)
»Heinrich Böll und Köln« (Heinrich und Viktor Böll, Kiepenheuer & Witsch 1994)
»Kölner Mythen oder Wie Legenden entstehen« (Carl Dietmar, Bachem 1999)
»Köln für Imis« (Falko Amadeus Rademacher, Emons 2002)